艺术体育
高校学术研究论著丛刊

# 现代体育教学多元理论与实施路径研究

蒿彬 著

中国书籍出版社
China Book Press

**图书在版编目(CIP)数据**

现代体育教学多元理论与实施路径研究 / 蒿彬著. —
北京：中国书籍出版社，2019.11
ISBN 978-7-5068-7562-2

Ⅰ. ①现… Ⅱ. ①蒿… Ⅲ. ①体育教学－教学研究
Ⅳ. ①G807.01

中国版本图书馆 CIP 数据核字(2019)第 276310 号

**现代体育教学多元理论与实施路径研究**

蒿　彬　著

---

**丛书策划**　谭　鹏　武　斌
**责任编辑**　李　新
**责任印制**　孙马飞　马　芝
**封面设计**　东方美迪
**出版发行**　中国书籍出版社
**地　　址**　北京市丰台区三路居路 97 号(邮编:100073)
**电　　话**　(010)52257143(总编室)　(010)52257140(发行部)
**电子邮箱**　eo@chinabp.com.cn
**经　　销**　全国新华书店
**印　　刷**　三河市铭浩彩色印装有限公司
**开　　本**　710 毫米×1000 毫米　1/16
**印　　张**　15.75
**字　　数**　204 千字
**版　　次**　2020 年 7 月第 1 版　2020 年 7 月第 1 次印刷
**书　　号**　ISBN 978-7-5068-7562-2
**定　　价**　76.00 元

---

# 目 录

# 第一章　现代体育教学的内涵与理论体系

体育教学是现代教育的一个重要组成部分，它与德育、智育、美育等其他形式的教育有机结合，共同构成了现代教育新体系。体育教学旨在促进学生身心健康发展，培养学生的终身体育观念和终身体育锻炼习惯。体育教学质量与我国未来人才的质量及国家整体发展建设密切相关，因此当前我国各级各类学校都普遍重视开展体育课程教学。不仅如此，体育界与教育界也越来越注重对体育教学的理论研究，在研究中深刻地揭露体育教学的内涵，科学构建与大力完善体育教学的理论体系，从而为体育教学的具体实施与不断发展提供理论保障。本章就现代体育教学的内涵与理论体系展开研究，主要内容包括体育教学的概念与特点；体育教学的性质、结构与功能；体育教学的基本规律与原则以及体育教学新理念的发展。

## 第一节　体育教学的概念与特点

### 一、体育教学的概念

#### （一）教学

现阶段，对于“教学”一词概念的界定，学术界有不同的说法，基于不同研究角度来对教学下定义，自然就出现了多种不同的观点，但整体来看，可以将这些观点与看法归纳为以下两类。

### 1. 统一活动说

关于教学的定义,持“统一活动说”观点的以李秉德、王策三等学者为代表。他们普遍认为,教学是教(教师)和学(学生)的有机结合,是教与学相统一的一个过程,强调教师在教学过程中应该将学生的身体发展、心理发展等各方面的发展都重视起来。

### 2. 广义狭义说

持广义狭义说观点的学者主要从广义与狭义两个方面来界定教学的概念。

(1)广义的教学

以能者为师传授经验及学习者获得经验的过程就是广义层面上的教学。

(2)狭义的教学

学校教育中为了对社会需要的人才进行培养而开展的一系列科学的教学活动就是狭义上的教学。

从现阶段我国教育形式和现状来看,上面分析的两大类观点中,第二类更受认可,运用更普遍。

## (二)体育教学

教学体系内容丰富,包括语文教学、音乐教学、数学教学、体育教学等。体育教学是教学的一部分,因此在体育教学概念的研究中,也可以采用教学概念研究中的方法,即上面概括的两大类方法。

### 1. 体育教学的“统一活动说”

体育教学是教(体育教师)和学(体育学生)的有机结合,是教与学相统一的一个过程,强调体育教师在教学过程中应该将学生的身心等全面发展重视起来。

#### 2. 体育教学的广义狭义说

(1)广义的体育教学

以能者为师传授体育知识与技能及学生获得体育知识与技能的过程就是广义层面上的体育教学。

(2)狭义的体育教学

学校教育中为了对体育人才进行培养而开展的体育教学活动就是狭义上的体育教学。

#### 3. 体育教学概念的界定

综合上述对教学与体育教学概念的研究,这里将体育教学定义为学校教学的过程中,以体育教材为媒介,引导学生学习体育与健康知识、掌握体育技能,养成良好的体育锻炼习惯,以促进其身心健康发展的特殊教育活动。[①]

在体育教学过程中,体育教师的教学行为与学生的学习行为既相对独立,又密切联系,教师与学生的互动非常频繁,主要互动方式有对话、合作、交流等,在密切互动的基础上,教师将教学内容传授给学生,学生在教师的引导下学习与掌握体育知识与技能,实现学习目标。整个体育教学活动的效果与体育教学诸因素都有很大的关系,如教学主体(教师与学生)、教学媒介等,这些因素之间又有密切的联系,只有将各因素协调好,才能获得良好的体育教学效果。

## 二、体育教学的特点

体育教学在户外环境中开展;学生在学习中需要将自己的身体练习与思维活动结合起来,并在身体与心理上承受一定的负荷;体育教学中存在频繁而密切的人际交往……这些都是体育教

① 龚坚.现代体育教学论[M].重庆:西南师范大学出版社,2009.

学区别于一般文化教学的特殊性。体育教学的特点还体现在目标、内容、实施、过程等各个方面,具体分析如下。

## (一)体育教学目标的宽泛性

在学校其他课程的教学中,一般只需要实现本课程教学目标就可以了,但体育课程教学不同,不仅要实现预先制定的体育课程教学目标,同时还要为实现学校体育的其他发展目标而创造有利的条件,促进学校其他体育目标的实现,甚至在某些学校,体育教学直接承担着实现整个学校体育目标的重任。

## (二)体育教学时空的延伸性

体育教学从时间上跨越小学、中学及大学三个学段,而且不管在哪个学段,体育都是必修课程,甚至一些研究生院也会在第一年开展体育课教学。

体育教学从空间上不仅包括体育课堂教学,还包括课外体育活动,甚至涉及家庭体育、社区体育和比赛等校外的范畴。

## (三)体育教学内容的实践性

体育教学内容包括体育理论知识、体育技术技能,学生在体育教学中需要完成大量的身体练习,这样才能不断掌握体育运动技术技能,同时不断巩固体育理论知识的学习,学生在身体练习中能够获得良好的体能素质与运动能力。

## (四)体育教学实施的现实性

体育教学必须在一系列具体的现实的条件下才能开展,即从现实情境出发实施体育教学,包括开发体育教学资源、实施体育教学方法与模式、着手体育教学改革与创新等,这就是体育课程教学实施的现实性特征。具体的体育课程历史条件是体育教学发展现实性的具体表现,在体育教学改革中,必须发挥学校这一级别单位的作用,落实到实处,如果缺乏与学校的联系,那么真实的体育课程教学实施将不会存在。

(五)体育教学过程的适应性

体育教学过程实际上也是体育教师根据实际教学情况调适体育教学目标、体育教学内容以及体育教学方法等体育教学要素的过程。对于体育教学过程中的现实情境因素及遇到的具体难题,没有人比体育教师更了解,倘若体育教师缺乏对体育教学实施的兴趣,就不可能在体育教学过程中主动参与其中,不可能将体育课程资源有效利用起来,因而理想的体育教学效果也就不可能实现。

(六)体育教学活动的创造性

体育教学是一个再创造的过程,在这个过程中,体育课程被转化为具体的教学计划,而体育教师正是这一转变活动的设计者与开发者,在具体的体育课堂教学中,体育教师也是决策者。体育教学的再创造需要体育教师发挥主导作用,具体表现为确定教学目标,选择、增删教学内容等。体育教师对体育教学的再创造主要是从"教学法"的角度切入的。因此,体育教学的过程也是体育教学新文化的创造过程,促进体育教师的专业发展对这一过程的顺利实施具有重要意义。

## 第二节　体育教学的性质、结构与功能

### 一、体育教学的性质

(一)体育教学是认知发展与身体发展的过程

《体育理论》一书指出,体育教学的性质指的是体育教学是一个由不知到知、由知之甚少到知之较多、从不完全知到完全知的

认识过程;也是促进学生身体素质发展、运动技能水平不断提高的过程。

学生在整个体育教学过程中会做大量的身体练习,这些练习很多都是重复的,学生循环往复地进行身体练习,主要是为了促进体育知识的巩固,对运动技能能够熟练掌握与运用。学生在身体的反复练习中,生理、心理都会承受一定的负荷,如果负荷得当,将对学生的身心产生良好的刺激,使学生的身体与心理发生积极的适应性变化,实现全面发展。

### (二)体育教学是具有多质的过程

刘清黎认为,体育教学是一个具有多质的过程,从不同的角度出发,能够产生不同的认识,见表 1-1。

**表 1-1　体育教学的“多质”**

| 分析视角 | 性质解析 |
| --- | --- |
| 认识论 | 体育教学是一个特殊的认识过程 |
| 结构论 | 体育教学是在传授体育知识、技术和发展体力的基础上最大限度地培养学生智能和体能、发展学生能力的多层次动态变化过程 |
| 教育心理学 | 体育教学是以学生认知为基础、学生能力为核心的全面心理活动过程和统一培养、塑造和发展过程 |
| 社会学角度 | 体育教学是通过思想品德教育,完善学生个性的社会性教育过程 |
| 运动生理与生物化学的角度 | 体育教学是在遵循人体机能活动变化规律和人体运动适应规律的基础上发展与提高学生体能的过程 |
| 控制论与信息论 | 体育教学是教与学之间相关信息不断传递和反馈的控制过程 |

## 二、体育教学的结构

体育教学的结构分内部结构与外部结构两部分。

### (一)体育教学的内部结构

体育教学的内部结构主要体现在体育教学的纵深层次上,包括学校体育教学、水平体育教学、学年体育教学、学期体育教学、单元体育教学和课时体育教学，如图 1-1 所示。

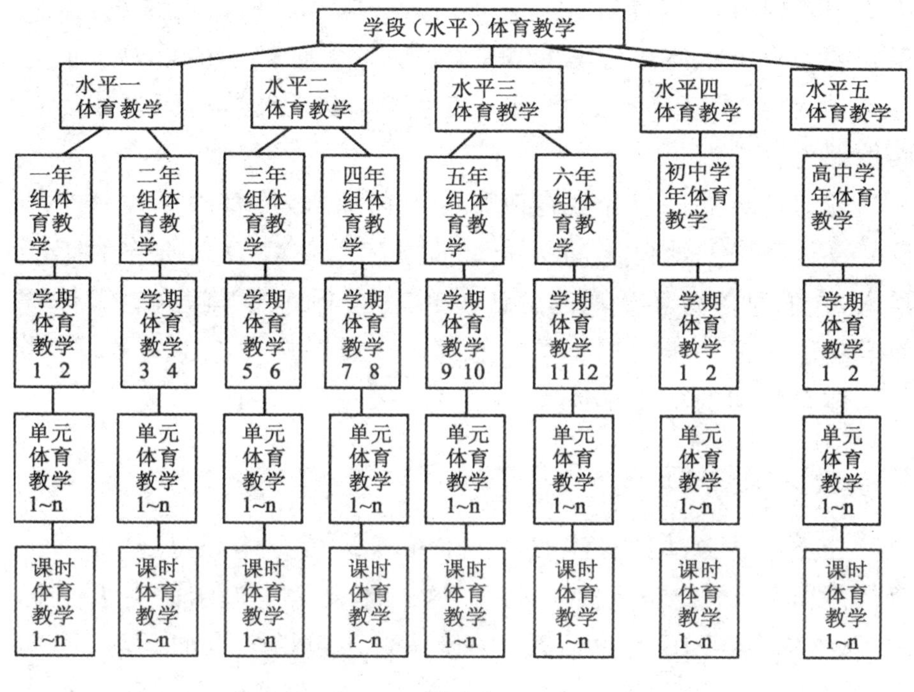


**图 1-1**

（二）体育教学的外部结构

体育教学的外部结构主要指体育课堂教学以外的体育活动内容。体育教学不只是局限于课堂上的教学，还包括学校课外体育活动、校外体育活动（家庭体育、社区体育）等。

## 三、体育教学的功能

在体育教学过程中，以体育自身的特点对学生施加相应的刺激后，学生所产生的积极转变就是体育教学的功能。体育教学之所以具有功能，之所以能够使学生产生积极的适应性变化，主要是因为体育及体育教学具有其他学科所不具备的独特性。发挥体育教学功能的基础前提是体育教学的功能得到了社会与学生的认可，被广泛接受，否则体育教学功能的发挥、学生在体育学习中的积极变化与发展将成为一句空谈。在体育教学漫长的发展历史中，其特征与功能已经得到了越来越多的认可与重视，人们正是因为肯定了体育教学的功能，认识了体育教学的重要价值与意义，才会给予其高度认可与高度重视，体育教学功能也才因此而得到充分发挥。

随着社会的进步和教育改革的不断深入，体育教学在整个学校教育体系中的地位不断提升。而且随着体育教学研究的不断深入，人们对体育教学功能的认识越来越全面、深刻，这对于体育教学功能的进一步发挥及学生的进一步发展具有重要意义。

体育教学的功能具体表现如下。

### （一）愉悦学生身心的功能

让学生学会动员身体的每一部位来进行身体练习，从而保护身体健康与安全，提高健康水平，这是体育教学追求的主要目标之一。体育教学不仅包括教师的教学，还包括学生的学习，而学生学习主要是为了完善身体，保持健康，完善身体是在学会利用身体的基础上而言的。生物学中“用进废退”的基本规律在很多领域都能够体现出来，用这一规律可以解释很多方面的现象。在人体发展中，这一规律的反映也很突出。学生若一味保持静止状态，其身体器官与系统功能就会退化，这会加速人的衰老，减少人的寿命。相反，如果人保持适当的运动，动静相宜，充分动员身体器官与系统功能的发挥，机体就会保持健康，这对于延缓衰老、延年益寿具有重要意义。因此，在体育教学中，学生只有不断进行身体练习，才能使身体的极限效能充分发挥出来，才能使身体各系统功能得到保障并不断增强，这对于学生的学习、生活都有重要意义。所以在体育教学中，首先要培养学生对体育锻炼的兴趣，积极感染其情绪，使其真正喜欢体育课，从内心上接受体育课，这样其才能够在体育学习中达到健身健心的目标。

随着社会的发展和生活水平的提高，青少年学生的营养越来越丰富，这就为其参与娱乐活动提供了基本的身体条件与基础保障。运动与娱乐对学习任务越来越重、学习压力越来越大的学生而言都是不可缺少的。体育集身体活动与娱乐活动于一体，其中身体活动是媒介，可见体育的功效和其他单纯的身体活动或娱乐方式相比更丰富，而且体育的娱乐形式与身体练习形式也有很多，学生在体育学习中能够达到健身与悦心的双重效果。

### （二）培养学生竞争意识的功能

从人类的发展历史来看，日常生活与竞技比赛有一定的相似之处，因为人类的发展是在与自然、社会、对手等相关对象的竞争中不断超越自己，完善自己而实现的，人类现在的生活是靠在不断的竞争中获胜而得来的。人必须有竞争意识，并不断发展自己的竞争能力，这是取得进步、获得发展与实现个人价值的必须条件。通过创造有利的条件而不断充实自我是每个社会人在参与竞争中必须重视的问题。这里的条件指的是竞争者受自己意识支配的合理竞争行为。人们在生活中不管是参赛，还是观赛，对其来说都是非常重要的竞争预演。其实每个竞技场都是一个小型的特殊的社会场所，从这个缩影中可以管窥社会的发展规律。

运动场上的每个人都需要遵循一定的规则来控制与端正自己的行为，这对于其良好品质和行为习惯的养成具有重要意义。人们在运动场上形成的品质与养成的习惯对日常生活具有正迁移的作用与影响，从而产生被社会高度认可与接受的因素。运动场上有输有赢，社会生活中有得意与失意，其实这些都是一样的道理。胜者光荣，受人称赞，但败者也无需自卑，其同样能够以自身百折不挠、勇往直前的品质获得认可与尊重。不仅是运动员，包括学生在内的所有群体都应养成胜不骄、败不馁，顽强拼搏，积极进取的良好品质。

体育运动充满竞争，且强调竞争的公平、公正与公开，体育教学可培养学生的竞争意识，激发学生参与正当竞争。奥林匹克之父顾拜旦曾将英国的竞技体育制度积极宣传到法国。通过奥林匹克运动，他有机融合了体育与文化教育。在《奥林匹克宪章》中有这样一段话："奥林匹克主义是将身、心和精神方面的各种品质均衡地结合起来，并使之提高的一种人生哲学。奥林匹克主义所要开创的人生道路是以奋斗中所体验到的乐趣、优秀榜样的教育作用和对一般伦理基本原则的尊重为基础的。"奥林匹克运动能够延续至今，并产生越来越广泛而深远的影响力，与其本身所具有的特殊的教育意义是分不开的。

学校体育教学内容中，涉及的运动项目很多都属于竞技运动，竞技体育教学能够培养学生的竞争意识，使学生在生活的方方面面都能勇于超越自我，乐于完善自我。

### （三）培养学生适应能力的功能

随着现代社会中竞争程度的提升与竞争领域的宽泛，人们的生活、工作都面临着比之前大几倍甚至几十倍的压力，人们越来越深刻地体会到什么是"适者生存"。为了使学生在未来进入社会后能够更顺利地适应社会环境与竞争氛围，必须提前培养学生的社会适应能力，使其在社会上能够较快地立足。

社会适应能力的概念具有广泛的意义，对不同群体而言，社会适应能力特指的内容不同，但对于学生而言，其所应具备的适应能力必须是全面的，如身体、心理、情感、道德等方面都必须具备良好的适应性，如此才能保证自己在将来步入社会后能够更好地适应复杂的社会环境，才能更顺利地施展抱负。

体育教学在培养个体适应能力方面具有重要作用。体育教学坚持"以人为本"和素质教育的教学思想，在现代教育理念的指导下开展体育教学更有利于对学生适应能力的培养，更有利于促进学生的健康成长与全面发展。

### （四）改变与完善学生行为的功能

体育教学对学生行为的积极影响主要基于体育教学可提高学生的适应能力这一作用，学生在适应能力提高的基础上，行为才会产生有益的变化。体育教学要在适应社会要求，满足社会相关条件的基础上实施，因此体育教学过程中的所有活动与行为都与社会规范相吻合，这也是社会认可和接受体育教学的主要原因。对青少年学生来说，合乎社会要求的体育活动非常有价值，学生参加这些体育活动，会自觉根据体育要求及社会要求来及时调整自己的行为，久而久之就会形成习惯，以后在社会上也会自觉遵守社会道德规范，遵纪守法，不做有违社会准则的事。

体育教学还能培养学生的智力，发挥学生的聪明才智，使学生更有想法，有干劲，有创新，最终使学生的行为达到机智勇猛的境界。

### （五）丰富学生专门经验的功能

每个人的生活与发展都依赖于一定的个人经验与社会经验，生活中的每个活动都是积累经验的过程，随着经验的丰富和充实，人们在社会上的生活会更加得心应手。经验丰富多样，学生除需具备读、写、说、算等最平常的经验外，还需掌握一些专门经验，具体如下。

#### 1. 动作经验

动作经验有简单和复杂之分，体育教学中学生既要掌握走、跑、跳、投等最简单的动作经验，又要掌握判断距离、判断速度、判断时间等比较复杂的动作经验，还要掌握应付突发事件的高级经验。体育教学活动可以使学生获得这些经验，也就是可以培养学生的这些能力，为学生参与体育锻炼及提高学生生活质量奠定基础。

#### 2. 情绪经验

现代社会是文明社会，所以人们即使心中有愤怒，有不悦，即使心理有压力，情绪上受折磨，也不能选择用野蛮的方式发泄，否则会干扰社会和谐发展。在体育运动中同样需要有良好的情绪经验,而体育教学有助于调动与激发学生的积极情绪,缓解学生的不良情绪,并使学生学会在体育锻炼中调节情绪。

3. 品格经验

品格经验在体育运动中同样至关重要,体育运动参与者只有公平展开竞争、一诺千金、服从规则、团结合作,才会被社会所认可。体育教学对于培养学生的这些品质具有积极意义。

体育教学是综合教育方式,同时也是生活教育手段,具有综合意义和多元功能的体育教学能够对学生的身心健康、意识、能力、行为、经验等都产生积极的影响,促进学生全面发展,当然这里的体育教学必须是科学的体育教学,如果是不当的体育教学,不仅无法产生这些效果,反而还会影响学生的成长。

## 第三节　体育教学的基本规律与原则

### 一、体育教学的基本规律

#### (一)人体机能适应性规律

人体机能适应性规律在体育教学中客观存在,其具体可细化为以下三个规律。

1. 体育教学中学生人体生理机能活动变化规律

在体育教学目标及各阶段教学任务的制定中,该规律提供了重要的理论依据。

2. 体育教学内容对不同学生具有不同的身体刺激规律

在体育教学中,对于教学内容与运动负荷的相关性必须给予高度重视，在内容安排中，要大负荷练习与小负荷练习交替进行，以免引起损伤。

3. 体育教学与学生身体发展非线性关系的规律

体育教学的实践性决定了这一规律的形成，“运动与身体健康的因果关系”、人体机能“超量恢复”原理在该规律中是不存在的。

## （二）心理活动能力变化规律

学生在整个体育教学过程中的心理变化非常明显，而且较为复杂，为了便于分析，我们可简化与学生体育学习心理相关的心理学指标，如从思维、情绪、注意、兴趣、意志等几个指标出发来分别研究学生的心理活动变化。下面对不同年龄学生在体育教学中的这些心理指标特征逐一进行分析。

1. 思维特征

一般只针对总的发展过程中那些具有某些共同现象和特性的时期或阶段来分析思维的年龄特征，即不同年龄学生所表现出的本质特征，这些特征具有典型性、普遍性。心理学意义上青少年儿童思维发展的年龄特征如下。

(1)出生到 3 岁

以直观性形象思维为主。

(2)幼儿期或学前期

以具体形象思维为主。

(3)学龄初期或小学期

从具体形象思维到抽象逻辑思维的过渡阶段，以形象抽象思维为主。

(4)少年期

以经验型抽象逻辑思维为主。

(5)青年初期

以理论型抽象逻辑思维为主。

需要注意的是，学生在不同时期的思维特征具有交叉性，而非单独只有某一种思维，只是不同时期的主导思维有区别。学生刚进入某一新的阶段时，前一阶段的年龄特征可能还会继续持续一段时间；而在这一阶段的最后，下一阶段的一些年龄特征也可能产生。各阶段、各种心理现象发展的年龄特征也是思维年龄特征的主要表现。例如，小学四年级以前的主要思维形式是具体形象思维，以后则是抽象逻辑思维为主；初中二年级开始从经验型思维过渡到理论型思维，此时学生对思维规律的辩证统一性也慢慢有了一定的了解。

学生在体育教学中的思维变化及发展具有一定的特殊性，以认知思维与动作思维的结合为主。以上对认知思维的论述与分析适用于一般教学过程中，而体育教学中特有的动作思维则相对较为复杂。

动作思维也被称作“直观动作思维”。思维与动作密切联系，不可分割，离开动作便无法思维，这是动作思维的主要特征。动作思维一般形成于个体发展的早期。动作思维与当前感知的对象直接相关，主要以当前的感知觉与实际操作为依据而获得解决问题的思维方式，而非以表象与概念为依据。学习抽象数学概念，用手摆弄物体来计算，就属于这类思维。直观动作思维产生于抽象逻辑思维之前。成人有时也借助具体动作进行抽象思维，但这与动作思维不能完全等同对待。因此，动作思维和一般学习中的认知思维不同，当前对动作思维规律与特征的研究并不多，所以很难分析不同年龄学生在体育教学中的动作思维规律。但可以肯定的基本规律是，年龄越小的学生，越需要依赖形象思维进行动作思维。

2. 注意力特征

不同年龄学生在体育教学中的注意力有不同的特征，具体分析如下。

(1)学龄初期的学生(年龄为6、7岁至11、12岁)

在这一阶段,儿童的有意注意处于发展的起步阶段,所以之前发展起来的无意注意依然起主要作用,外界客体是引起其无意注意的主要因素,他们很容易被外部刺激物所吸引,注意力会很快集中到这些刺激物上,但集中的时间长短不一。相对来说,这一时期儿童的有意注意不够稳定。7～8岁的儿童,有意注意的保持时间在10～15分钟之间。所以,在体育教学中不要强制他们完成持续时间较长的练习,因为他们会在练习后期被其他事物所吸引,影响练习质量。

低年级学生,对注意的分配不够熟练与完善,他们很难将自己的注意力同时分配到两三个对象上,且内部注意的强度也十分有限,注意力很难集中在自身思维和表象上,因此,还不具备准确分析自己在体育练习和学习中存在的错误的能力。所以,对于低年级的学生,体育教师应在体育课堂教学结尾少布置关于分析动作的任务或作业,而应多讲解学生的错误动作,多做直观的动作示范。

(2)学龄中期的学生(年龄为11、12岁至14、15岁)

这一阶段的学生,有意注意经过一段时间的发展取得一定成效。如果教学环境良好,且学生对教学内容感兴趣,则其有意注意一般维持40～50分钟是没有问题的,而且他们分配注意的能力也有了一定的提升,可在单个对象上分配自己的注意力。虽然如此,他们的注意力还是很容易分散的。如果他们在体育学习中追求速度或者学习内容高出他们的接受能力,他们的注意力很容易分散。

少年学生容易被新鲜事物所吸引,所以如果有外部的新刺激作用于其感官或机体,他们就会被吸引。而且,这个年龄段的学生更看重活动的结果,而非活动的过程,尽可能不要长时间给其安排重复单一的体育练习,否则会导致其注意明显分散。

(3)学龄晚期的学生(年龄为14、15岁至17、18岁)

这一阶段学生相对于前面几个阶段的学生,有意注意的保持时间较长。他们明显表现出试图自我认识和自我表现，并能主动接近该目标。他们的有意注意具有相对的稳定性，注意范围也和成人基本没有明显差距，在较为复杂的活动中，也可以合理地将注意分配到单个对象上。所以，在体育教学中，对于教师的直观示范与语言讲解，他们会集中注意力认真看、仔细听。学龄晚期的学生比学龄初期和中期的学生对教材内容的科学性、先进性更在意。

3. 意志特征

(1)学生意志的年龄特征

小学、初中、高中三个教学阶段学生的意志特征见表 1-2。

**表 1-2　不同教学阶段学生的意志特征**

| 教学阶段 | 意志特征 |
| --- | --- |
| 小学阶段 | (1)缺乏独立性、目的性，明显具有受暗示性、盲目性和独断性。<br>(2)自制力逐步提高，抵抗诱惑的能力逐渐发展。<br>(3)果断性有所发展，但稳定性不够。<br>(4)坚韧性增强，但发展存在阶段差异。 |
| 初中阶段 | (1)仍需外界督促才能更好地克制自己。<br>(2)果断性进一步发展，但有时依然摇摆不定。<br>(3)坚韧性进一步提高，但稳定性还不够。 |
| 高中阶段 | (1)有明确目的性，有主见。<br>(2)自制力发展显著，并有冲动的表现。<br>(3)果断性较强，但依然无法正确把握局面。<br>(4)坚韧性发展到新阶段，但外界刺激依然能够明显对其构成影响。 |

(2)学生意志特征与体育教学内容有关

学生的意志力在体育教学这一直观场所中能够明显反映出来。一般来说，体育教学中学生的意志力如何，与教学内容有直接的关系。如果教学内容相对简单，学生不需要充分发挥意志力也能完成,此时随着体育教学的继续开展,学生的意志力表现出自然性。而如果体育教学中选取的运动项目有较大难度,那么学生的意志力表现则弱,此时教师要注意积极引导,增强学生的意志力,使学生凭借顽强的意志完成有一定难度的动作。

(3)学生意志特征与教师有关

对于学生而言,教师是否有威信,直接影响其在体育学习中的意志力表现,如果在学生心中教师地位高,颇有威信,那么其在学习中意志就很顽强。

(4)体育课堂教学过程中学生意志的变化

一般来说,一节课的前半部分,学生精力充沛,积极性高,不需要意志力的维持也能正常学习。

随着教学时间的延长,学生体力、精力不断减弱,此时学生需要发挥意志力的作用才能学习。

在一节课的后面部分,学生体力、精力显著降低,学生必须依靠自身顽强的意志力来继续学习。

整体而言,在体育课堂教学中,学生意志力呈逐渐上升的曲线变化特征。课堂上的学习任务、学习内容难度、教师的引导等会引起学生意志力表现的波动。

### 4. 兴趣的特征

在人的认识和活动中,兴趣的意义非常重要。一旦成功激发人的兴趣,人便会在学习中集中精力,付出意志努力,并以轻松的心态坚持完成学习任务,从而大大提高学习效果。所以,为了提高体育教学效果,有必要掌握兴趣的相关知识,并有意识地对学生的学习兴趣进行培养。需要是兴趣产生的基础,环境是影响兴趣的主要因素。研究表明,儿童的兴趣具有遗传倾向性,与父母的兴趣有直接的关系。

对于儿童来说,支配其心理活动和行动的主要心理倾向是兴趣,在青年时期,这种支配性的主要心理倾向就变成了理想。兴趣有直接兴趣(对事物本身感兴趣)和间接兴趣(对活动结果感兴趣)之分。例如,学生因为体育教师的示范动作美观而喜欢上体育课,这就是直接兴趣,学生因为体育能让自己变得更加健康、快乐而喜欢体育课,就是间接兴趣。

年龄小的学生,他们对事物所产生的兴趣主要是直接兴趣,即喜欢事物或活动本身,而年龄大些的学生以间接兴趣为主,即往往被活动的结果所吸引。直接兴趣与间接兴趣相辅相成,人的兴趣总在不断变化,这与年龄增长、身体发育、各方面素质发展以及运动能力提高等都有密切的关系。

体育教学中,学生的兴趣既有一般活动的共性,同时也有体育活动的特殊性,特殊性表现如下。

(1)学生年龄越小,对体育活动越有广泛的兴趣,低年级小学生喜欢新鲜的体育活动,想尝试很多项目。

(2)学生对不同体育活动有明显的指向性差异,如有的学生喜欢篮球运动,有的喜欢乒乓球运动等。

(3)年龄较大的学生对体育活动的兴趣比较稳定,喜欢参与几个特定项目。

(4)不同年龄的学生对体育活动的兴趣表现出不同程度的稳定性。有的兴趣稳定,能够持续较长时间,有的兴趣不稳定,三分钟热度。研究表明,15 岁后学生对体育活动的兴趣会慢慢趋于稳定。

#### 5. 情绪的特征

由客观事物引起的情绪是一种典型的心理现象,人的需要与人的情绪有直接的关系。情绪的情境性、冲动性、外显性都比较明显。学生在体育学习中的情绪体验既有一般共性,又具个体性。

下面分析体育教学中学生的情绪特征。

(1)外露性

体育教学内容、体育教师的态度对学生在体育教学中的情绪有直接的影响。体育教师要想走进学生的内心世界,就要善于对学生在运动过程中的动作、表情、言语及态度进行观察。

例如，有些学生不敢跳横箱，眉头紧锁，当他们鼓起勇气跃过后，面露喜色，这就是其情绪的外露和直观显现。

(2)暂时性

体育教学中，随着体育活动的开始，学生的情绪体验也逐渐开始，而体育活动结束后，学生的情绪体验也就随之结束了，学生的情绪来得快，去得快，维持时间并不长，有较强的针对性。

(3)多样性

学生情绪的多样性表现如下。

第一，不同学生对同一教材表现出不同的情绪。

第二，同一学生在不同的学习阶段对同一教材会表现出不同的情绪。

(4)鲜明性

学生在体育课堂上练习动作或参与游戏、比赛时，因种种因素的影响，情绪会立即表现出来。例如，篮球比赛中，若一方屡次被另一方故意撞到，被撞的一方就会感到极度愤怒，此时双方极易发生冲突，教师要注意观察并调节。

(5)感染性

体育课尤其是体育实践课一般都在室外进行，和一般的文化课相比，体育课上教师与学生、学生与学生之间有更多的直接接触，教师保护帮助学生、学生小组合作等都存在一方情绪影响另一方情绪的情况，这就是情绪的感染性。

## 二、体育教学的基本原则

在长期的体育教学实践中，体育教学工作者客观总结了体育教学的规律，并积累了大量的教学经验，他们对这些规律与经验的概括促进了体育教学原则的形成，体育教学的性质与体育教学本身的规律、经验等密切相关。

在体育教学的组织与实施中，要遵守的最基本的要求就是体育教学的一系列原则。体育教学质量的好坏，要参考一定的标准来判断，而体育教学原则就是其中一个不可忽视的重要判断标准。下面分析体育教学的基本原则。

### (一)不断提高身体素质原则

在体育教学中，教师会组织一些体育游戏、体育比赛，会指导学生进行重复的身体练习，这些都是为了提高学生的体质健康水平，促进学生身体素质的全面协调发展。促进体质发展是体育教学的宗旨与出发点，一切体育活动的安排都要围绕这一核心。因此，在体育教学中要严格坚持不断提高学生身体素质的重要原则。

将不断提高身体素质原则贯彻到体育教学活动中，关键是要对学生的身体活动量进行合理安排，具体要求如下。

#### 1. 根据学生的身体发展状况合理安排身体活动量

教师安排的身体活动量是否科学、合理，要看其是否对学生身体发展有益，或者说要看其是否真的不伤害学生的身体。事实上，学生的身体情况也在一定程度上决定了身体活动量安排的科学与否。

在体育教学中，教师首先要对学生不同发展阶段的身体特征有所了解，总结学生身体发展的特征及规律，然后结合运动项目的特点合理安排身体活动量，从而达到预期教学效果。

#### 2. 根据体育教学目标合理安排身体活动量

学校开展体育课程教学，要完成预先设计的教学目标，教学目标的完成时间、完成情况等与教师在教学中安排的运动量密切相关，甚至运动量的安排起直接的决定性作用。

有的体育教师意识到了运动量安排对教学目标完成的重要意义，因此在教学中不顾学生的身体情况盲目加大运动量，不管什么课型，都以大运动量为主，这不仅无法达到教学目标，还会影响体育教学活动的正常进行，损害学生的身体。因此，体育教师要正确认识运动量与教学目标之间的关系，合理把控运动量。

#### 3. 根据不同教学阶段合理安排身体活动量

不同体育教学阶段有不同的教学任务，呈现出不同的教学特点。因此，体育教师要根据不同阶段体育教学的实际情况及其特点来合理安排学生的运动量。

### （二）不断提高运动技能原则

在有效体育教学中，学生运动技能的掌握与提高、运动成绩的提高等都需要经过一个连续不断的过程，在这个过程中，教师对教学技能的传授要由易到难、由简到繁，不间断地进行，这就是不断提高运动技能的教学原则。

学生在体育教学中能否达到增强体质、促进健康的目标，能否深刻体验到体育活动的乐趣与成功，一定程度上取决于其对运动技能的掌握数量与质量。为了促进学生运动技能的提高，使其掌握有效的体育锻炼方法，需要将这一原则严格贯彻到体育教学中。

将不断提高运动技能原则贯彻到体育教学活动中，关键是要做到以下几点。

#### 1. 认识到运动技能的提高在体育学习中的重要性

学生在体育课上是否学到了东西，是否“学会运动”，主要反映在其对运动技能的掌握和其运动技能的提高上，这也是学生养成终身体育锻炼习惯的必要前提。可见，运动技能在体育教学中所占的分量非常大，切实搞好运动技能教学，对培养学生的终身体育意识与锻炼习惯有重要意义。

2. 分层次掌握运动技能

运动技能的掌握是为学生健身服务的。在体育教学中,必须牢固树立“健康第一”“终身体育”“素质教育”的教学理念,以不同学段学生的不同水平为核心传授运动技能和身体锻炼方法,使学生在不同时期掌握不同类别、不同层次的技能与方法,经过长期系统的学习,学生的技能层次与水平都会不断提高,技能也会更加全面,为终身体育锻炼奠定扎实的基础。

3. 提供良好的教学环境与条件

在体育教学中,教师要想让学生尽可能快地将运动技能熟练掌握,就要将良好的软、硬件环境提供给学生。硬件环境如场地器材尽可能规范标准等,软件环境如教师自身素养与专业素质要高,教师自己要与学生展开良好的互动与交流,所采用的教学方法必须符合学生特征与需要等,总之教学环境必须能够激发学生的学习积极性。

### (三)时时保证安全环境原则

体育教学中,由于体育的特殊性,很容易因为各方面的影响而造成安全事故,因此在教学中不仅要谨记健康第一,还要时刻注意安全第一,体育教学环境必须安全,在学生的体育锻炼中也要时刻注意安全,加强安全教育,培养学生的安全意识与自我保护能力,避免因防护措施不当而造成严重的安全伤害与意外损失,这就是时时保证安全环境的教学原则。

将时时保证安全环境原则贯彻到体育教学活动中,关键是要做到以下几点。

1. 建立安全运动的规章制度

根据相关法规,制定学校的《体育课伤害事故处理办法》以及安全运动的规章制度,明确学校、教师以及学生的权利和义务,分清责任归属。

2. 经常对学生进行安全教育

要想贯彻好实施保证安全的原则，必须要有同学的密切配合。因此，要经常对学生进行安全教育，安排专门的时间讲解保证安全的知识和要领，教会同学们相互帮助的技能，提高安全防范的主动性与积极性。

3. 充分发挥学生安全员的作用

在学校体育教学中，教师为了保证学生的安全环境，就要充分发挥体育委员和其他学生干部的管理作用，或者是每节课指定学生安全员，采取措施激发出他们的积极性、能动性，共同防范危险。

4. 制定防止伤害事故预案

在学校体育教学中，虽然对于危险因素做了预测，但也不可能保证百分之百杜绝伤害事故。所以，要有备无患，课前要结合教材内容，做好伤害事故预案。事故发生时要冷静，根据学生受伤程度，根据预案迅速做出相应的对策。

### （四）不断体验运动乐趣原则

不断体验运动乐趣原则是指在体育教学中以学生个性、身体素质等差异为依据，使其在进行身体锻炼的同时体验运动的乐趣，巩固兴趣并形成良好的锻炼习惯。

体育区别于其他教育形式的一大主要特质就是乐趣。在体育教学中，学生刚开始接触一个运动项目，是比较陌生的，经过长期的努力学习，学生熟练掌握该运动项目的基本技能，此时成功感和乐趣感油然而生。体育教学的乐趣也来自于学生在运动中的巧妙配合或互相竞争。体育运动与体育比赛之所以能够吸引人，主要原因之一是人们能够从中体验运动乐趣，而体育教学的一个主要目的也是让学生体验运动乐趣，因此在教学中要努力使学生对运动乐趣的追求得到满足。

将不断体验运动乐趣原则贯彻到体育教学活动中，关键是要做到以下几点。

(1)让学生不断获得成功的运动体验。

(2)开发多种有利于学生体验运动乐趣的教学方法。

(3)正确对待和理解运动乐趣问题。

### (五)不断提高集体意识原则

不断提高集体意识原则是指在体育教学中，将运动集体的作用充分发挥出来，使学生注意自己言行的规范，准确定位自我，完全融入集体中，使其一方面做好自己的工作；另一方面也要互相协助，共同努力以实现集体的目标，从而不断提高学生的集体意识。

将不断提高集体意识原则贯彻到体育教学活动中，关键是要做到以下几点。

(1)向学生提出共同的学习任务。

(2)充分挖掘体育教学活动中的集体要素。

(3)体育教学中要合理分组，合理构建组织框架。

### (六)不断积淀运动文化原则

不断积淀运动文化原则是指在体育教学中，教师采取多种方法和手段使学生深入认识与理解古今中外优秀的运动文化，然后将其运用到运动实践中，以促进学生运动文化素养和水平的提高，促进运动文化的传承。

将不断积淀运动文化原则贯彻到体育教学活动中，关键是要做到以下几点。

(1)提高学生学习运动文化的积极性与主动性。

(2)开发有利于提高学生运动认知水平的教学手段。

(3)创造丰富多彩的运动文化氛围。

# 第四节　现代体育教学理念的发展

## 一、现代体育教学新理念

### (一)"终身体育"教学理念

#### 1."终身体育"教学理念简述

终身体育是指个体终身从事身体锻炼和接受体育教育的过程。终身体育体系庞大而复杂,主要包括构成人群、构成空间、习惯养成和锻炼能力等内容,如图 1-2 所示。

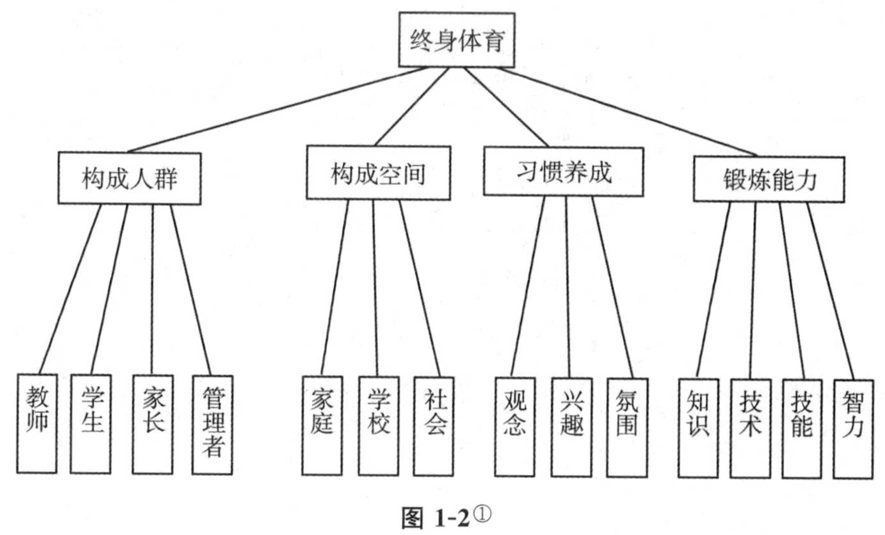


图 1-2①

终身体育教学体系包括身体、观念、课程、主体等多个层面,如图 1-3 所示。

① 黄丽秋.终身体育思想的形成及教学引领研究[D].湖南师范大学,2014.

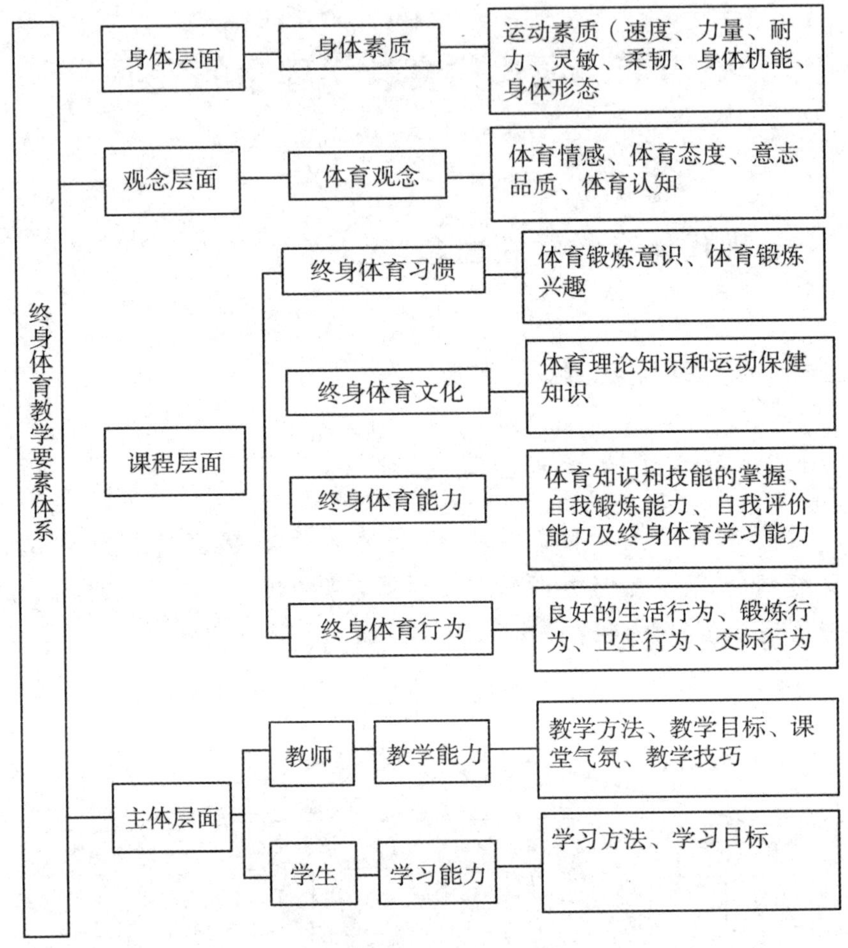


图 1-3

国家教委统一制定的教学指导纲要要求在终身体育教育中，以终生体育思想为指导，从大纲、计划等方面出发安排体育教材内容与课程，重视对学生终身体育意识的培养。具体来说，终身体育教育的内容如图 1-4 所示。

2. 终身体育与学校体育的关系

终身体育与学校体育的关系见表 1-3。

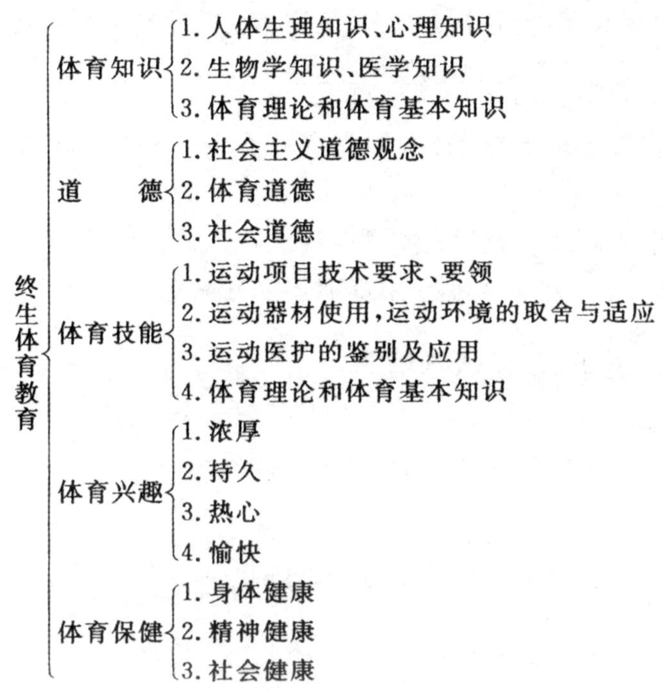


图 1-4

表 1-3　终身体育与学校体育的关系

<table>
<tr><th>相同点与不同点</th><th colspan="2">表现</th></tr>
<tr><td rowspan="3">相同点</td><td colspan="2">教育目标:育人目标</td></tr>
<tr><td colspan="2">教育任务:通过体育学习和体育参与掌握体育知识和技术，提高运动能力</td></tr>
<tr><td colspan="2">教育方式:身体锻炼教育手段</td></tr>
<tr><td rowspan="3">不同点</td><td>教育对象区别</td><td>学校体育:在校学生<br>终身体育:所有社会成员</td></tr>
<tr><td>时空区别</td><td>学校体育:学校教育阶段，学校范围内<br>终身体育:任何阶段、任意空间</td></tr>
<tr><td>自由度区别</td><td>学校体育:有计划、有目的、有组织<br>终身体育:内容广泛，选择灵活</td></tr>
</table>

#### 3. 现代体育教学中贯彻“终身体育”教学理念的要求

(1)培养学生的终身体育意识。

(2)改善场地器材条件,加大宣传力度,开展丰富的课外体育活动。

(3)拓展和丰富体育教学内容。

(4)调动学生终身进行体育锻炼的积极性。

### (二)“健康第一”教学理念

#### 1. 体育教学中坚持“健康第一”理念的必要性

(1)“健康第一”理念符合世界发展潮流。

(2)“健康第一”理念适应社会发展的需求。

#### 2. 体育与健康教育的主要目标

(1)落实健康标准。

(2)完善体育与健康教育体系。

(3)贯彻“健康第一”的指导思想。

(4)体育教育要服务于学生体质健康。

(5)体育教育要服务于学生心理健康。

(6)体育教育要服务于学生社会适应能力的提高。

#### 3. 现代体育教学中贯彻“健康第一”理念的要求

在新时期,体育教学要严格落实“健康第一”思想的要求,在教学过程中始终坚持健康第一理念的指导,使学生拥有健康的体魄和心理,为学生终身体育习惯的养成打下基础。具体来说,在现代体育教学中贯彻“健康第一”的教学理念应做到以下几点。

(1)体育教师努力提升自己的业务素质。

(2)加强体育、卫生、美育的结合。

(3)结合大学生实际情况展开教学。

(4)技术教育与健康教育相结合。

### (三)“以人为本”教学理念

#### 1.“以人为本”理念的内涵

“以人为本”理念强调人的发展，教育是以人为基础、以人为根本的活动。人既是教育的出发点和重心，又是教育的最终归宿和终极目标。所有的教育活动都必须贯彻“以人为本”，这是现代教育发展的基本要求。“以人为本”的发展观要求在教育过程中实现人的自由、幸福、和谐全面发展以及终极价值，以现代人的视野培养现代人，以全面发展的观念培养全面型人才。

在现代体育教学中贯彻“以人为本”理念是人类社会可持续发展以及体育教育改革的基本要求。“以人为本”的发展观突出反映在体育教学的人文关怀中，学校体育工作必须要有人情味，要以“人”为出发点，以“人”为核心。

#### 2. 现代体育教学中渗透与实现着“以人为本”理念的要求

(1)构建和谐的师生关系。

(2)教师要宽容学生。

(3)体育教学形式要灵活多样。

(4)进行客观评价。

## 二、现代体育教学理念发展的新方向

### (一)层次性和延续性方向

随着社会的进步与教育的改革，体育教学领域产生了很多新的教学思想，这些思想对体育教学的发展起到了不同程度的推动作用，如为体育教学改革指明方向，加快体育教学改革进程，有效提高体育教学质量等。在体育教学中，不同年龄学生的差异十分明显，这就要求加强体育教学的系统性，但从当前体育教学指导思想在体育教学实践中的运用来看，体育教学思想的系统性、连贯性相当缺乏，如针对各年龄阶段学生的体育教学的重点较为相似，没有从学生特点出发进行教材的处理、教法的选用以及教学过程的组织安排等，学校体育教学的改革发展因此而受到了严重的影响。

有关教育工作者认识到了上述问题，逐渐意识到应以不同年龄段学生的特点为依据来构建体育教学理念，应突出体育教学思想与理念的层次性，从而准确把握体育教学目标与方向，进一步优化体育教学改革进程与提高体育教学质量。

### （二）“人文体育观”方向

现阶段，体育教学理念突破了传统的唯“生物体育观”，而以生物、心理、社会因素构成的“三维体育观”为主，体育教学的健身、竞技、娱乐、文化和社会等多元功能与价值因此而得到了有效的拓展。在此影响下，体育教学的目标也越来越多元，功能方向越发明确。同时，国外快乐体育思想、休闲体育思想、终身体育思想等先进思想的传入也进一步丰富了我国的体育教学理念与思想体系。此外，北京奥运会举办至今已有 10 年时间，这些年间人文奥运理念早已深入人心，奥林匹克运动文化也对我国学校体育教学的改革与发展产生了重大的影响，奥林匹克运动思想对我国学校体育教学理念的改革与发展也具有一定的指导意义。由此能够发现，未来学校体育教学会更加重视学生的全面发展，以“人文体育观”为核心的教学理念在体育教学中的作用将得到更高的重视。

### （三）综合化方向

这里的综合化指的是“健康第一”“终身体育”与“素质教育”的结合。素质教育是一种发展中的理念，内涵丰富。我国实施素质教育的时间还不是很长，因此还处于探索阶段，人们试图通过不同的途径，采用不同的教育理念去指导体育教学实践，以推动体育素质教育的新发展。但是，尽管各种理念都各有自己的“合理内核”，但在体育教学中，我们在任何时候都要将健康第一，终身体育放在首要位置，这两个教育观念的地位是不可轻易动摇的。只有充分认识到这点，才能进一步深化素质教育改革。

体育为人的全面教育而服务，在体育教学中，顺应素质教育的潮流，确立健康第一，终身体育与素质教育相结合的综合化体育教学理念，对于体育教学的可持续发展具有重要的指导意义。

# 第二章　现代体育教学的价值论及其实现路径探索

现代体育教学具有丰富的内涵，也具有多元的价值功能。体育教学价值是体育教学属性对主体需要的满足，这是一个基础性、实在性的问题，其与教学目标的导向、教学内容的选择、教学方法的运用等具有密切的关系，而且体育教学实践者的理解与操作也会受到体育教学价值的理论认识及研究程度的直接影响。因此在现代体育教学中，为了促进学生综合素质的全面提高，必须尽可能彰显体育教学的个人价值、文化价值，追求其教育价值、生命价值、生活价值、审美价值等，使这些价值的实现达到最大限度。本章主要就现代体育教学的价值论及其实现路径进行研究，主要从三方面展开，包括体育教学价值的内涵、实现路径以及回归诉求，为现代体育教学价值体系的构建与完善提供指导。

## 第一节　体育教学价值的内涵

体育教学价值具有丰富的内涵，下面从三个方面来分析体育教学价值的内涵。

### 一、知识形态转化视角下体育教学价值的内涵

在教学的价值体系中，知识价值是最明显的，具体表现为学生通过教学活动将他人总结的知识与经验接收并内化。知识价

值是古今中外一切教学活动的共同价值体现，其他教学价值的实现都是基于这一基础价值而言的。

知识包括以下两个内涵。

第一，像概念、原理、规律等这些科学知识是对特定对象的客观反映。

第二，知识是能力、品格与方法的综合体，是创造者通过内化凝结而成的。教师必须从学生的实际出发对这些知识进行挖掘、剖析，才能获得进一步的升华。

## 二、教学功能视角下体育教学价值的内涵

体育教学具有以下两方面的显著功能。

第一，继承功能。体育教学将前人总结的体育知识、经验传授给学生，使这些体育文明成果被学生继承与传承。

第二，发展功能。学生在体育教学中可实现身心素质协调发展的目标。

发展这个概念在教学理论中具有非常广泛的含义，不仅是指学生智力的发展，还指学生情感的发展、性格的发展、意志品质的发展、集体主义精神的发展等。体育教学内容丰富，不同内容又具有深刻的知识内涵，一般的科学的方法论也能够在体育教学中体现出来，因此体育教学的知识更加丰富多样。体育教学的知识除了一般所指外，还包括以下几个方面。

(1)用情感和意志建立良好的品格结构。

(2)对学生情意和能力的培养。

(3)用能力推动学生全面发展。

(4)用科学方法使学生取得理想的学习效果。

所以，教学功能视角下体育教学基本价值的内涵表现为以下几点。

第一，使学生获得知识。

第二，促进学生能力的发展。

第三,使学生形成良好的品格。

第四,使学生掌握能够促进自身发展的科学有效的方法。

## 三、素质构成视角下体育教学价值的内涵

教学活动最根本的价值体现在对学生素质结构的构建与完善上。不同历史时期,社会对人的素质会提出不同的要求,未来社会会对人的基本素质提出怎样的要求,有人简单归纳为以下五个方面。

第一,"会生存"的素质要求。

第二,"会做人"的素质要求。

第三,"会求知"的素质要求。

第四,"会健体"的素质要求。

第五,"会创造"的素质要求。

也有人简单地用下面五个字来概括人的素质。

第一,德——思想品格修养和科学道德修养。

第二,识——智力和见识。

第三,才——技能、才能和科学方法。

第四,学——知识和知识结构。

第五,体——体魄。

以上归纳与概括中,各素质之间密切联系、相互包容与渗透,而非孤立存在,甚至有些素质之间是互为条件的。归根结底,上述素质是由四个基本要素组成的,即知识、能力、品格和方法。

不管是什么学科的教学,所追求的一个共同目标是对素质的构造,只是不同学科教学中构造的素质侧重点不同,各学科教学的本质特征能够从这些不同的侧重中体现出来。

体育教育教学是发展学生身体,增强学生体质,提高学生技能,培养学生道德和意志品质的教学。在素质构建中,其与其他学科教学活动具有一般共性,此外还具有其他学科无法替代的功能,如增强学生体质,提高学生健康水平,为学生科学锻炼身体提

供理论和方法指导。不仅如此，虽然体育与其他学科都具有培养学生情感与意志品质、培养学生人格等功能，但由于体育教学活动环境更开放，教学组织更灵活，且运动负荷可调节，所以体育教学在这些功能的发挥上比其他学科有更大的优势。因此，构建学生的全面素质也是体育教学价值的重要体现。

## 第二节　体育教学价值实现的路径

### 一、影响体育教学价值实现的因素

#### （一）对体育课地位和作用的认识

人的主观认识对人的实践行动有重要的影响。从这一点来看，人们对体育课地位与作用的认识水平直接影响体育教学价值的实现以及实现程度。体育课与其他文化课相比，受重视程度并不高，而且体育课从其价值主体最开始接触起，就未能构筑起支撑自身存在客观稳定的价值基础，因此更不可能充分实现体育教学的多元价值了。

#### （二）体育教师的自身综合素质

整个体育课程能否按计划实施，体育教学目标能否顺利实现，一定程度上取决于体育教师的自身素质。在体育教学中体育教师个人能动性的发挥将影响学生对体育课程的接受程度、学习兴趣、参与程度，因而影响体育教学价值的实现。

#### （三）学生对体育课的参与程度

学生是教学的主体，体育课程目标能否实现，实现程度如何，关键要看学生自身学习的主动性。因此，学生对体育课的参与性直接影响体育教学价值的实现。

### (四)其他客观条件的制约

场地建设、器材适合性等学校在体育教学方面的供给对体育教学价值的实现也会产生影响，虽然这些客观因素产生的影响与教学主体产生的影响相比是次要的，也是显而易见的，但必须给予一定程度的重视。

## 二、从学生角度探讨体育教学价值的实现路径

### (一)提高学生的学习认知

学生对体育的认识、态度、兴趣直接决定其学习表现与参与程度，从而影响体育教学价值的实现。因此，在体育教学中，体育教师应采用说服教育、榜样示范等方式培养学生正确的体育意识，使其深入理解体育的功能与价值，树立正确的体育观。

### (二)提高学生学习的积极主动性

学生主体需要是否得到满足，是判断体育教学价值是否实现及实现程度的一个重要标准。因为体育教学价值的实现最终要由学生来完成。因此，要努力培养与增强学生学习的积极主动性，使学生积极参与体育课堂教学活动，主动练习、思考，最终掌握知识、锻炼能力、获得经验、取得发展。

学生从上课前的准备活动到结束后的整理放松，都应积极参与。如果能够给学生提供适度的自由空间，使学生身心放松地参与其中，那么将会取得更好的参与运动效果，体育教学价值也会得到更好的实现。

### (三)注重学生的反馈

在教学中,反馈这个环节必不可少,非常重要。通过学生的反馈,体育教师能够总结教学的得与失,并不断改进与完善教学。不同学生在性格、兴趣、运动素质等方面有差异,所以会对教学产生不同的感悟和理解,对教学有不同的需求。教师要及时了解每个学生的反馈,了解学生的需求,由此出发改善教学过程,提高教学效果。

在教学中的各个环节,在整个教学过程中都会有相应的反馈,所以教师要注意收集不同教学阶段的反馈信息。如果学生在课堂教学中不方便反馈,那么在课后也应积极反馈,或者教师要主动向学生询问,以便根据学生的建议调整教学。

学生的反馈是教师总结经验教训,改善教学的主要依据,不仅如此,学生自己的学习和对体育教学的参与也离不开反馈发挥的作用。学生的反馈被教师接受,教师调整教学设计、教学过程,最终受益的是学生。

## 三、从体育教师角度探讨体育教学价值的实现路径

### (一)体育教师要自觉提升自身的素质

体育教师个人素质的提升要达到如下要求。

(1)具有扎实的体育专业知识。

(2)具备丰富的教育专业知识。

(3)具备娴熟的教师职业技能。

(4)具有远大的理想、高尚的师德以及完美的个性。

### (二)体育教师要科学设计与组织体育教学

体育教师在教学过程中担任重要角色,发挥着传授、引导、组织等多方面的作用。此外,教学活动的设计和教学方式方法的采

用也由教师所决定。教师的教育观念、文化积淀以及社会需要、社会要求等主客观因素共同影响教师对教学活动的设计，对教学方法的采用。

体育教师对体育教学价值的认识和判断集中体现在其体育教学价值观上。教师的价值观会影响体育教学的价值取向。因此，教师树立符合新课程改革精神的体育教学价值观特别重要。

在体育教学中，整体教学效果、教学价值的实现程度由教学设计、实施、评价等各个环节的效果所决定，而各个环节的教学效果又由体育教师发挥的作用、教学理念、综合素质所决定，所以必须提高教师的教学素质和综合素养，使其科学设计课堂教学，科学组织与实施教学过程，从而优化教学效果。

### （三）体育教师要激发学生的学习动机

现在，有很多青少年学生不喜欢上体育课，体育教师必须采取有效措施激发学生对体育的兴趣，使体育成为学生的一种积极生活方式。不管是个人兴趣，还是情境兴趣，对运动任务学习都有重要的作用，但原始技能水平在很大程度上决定着运动任务的学习效果。在体育教学初始阶段布置的任务应以设计情境、激发学生学习为主，引导学生形成对体育课的个人兴趣。

在体育教学设计中，体育教师可通过成就目标和兴趣来引导学生，激发学生的体育学习动机，提高其参与体育学习的积极主动性。

### （四）体育教师要满足学生的个体需求

体育教师在教学中对学生某一阶段的身心变化共性特点以及学生的个体差异都要进行密切的关注，使其不同的需求得到满足。虽然这会给教学设计增加难度，但教师只有从学生的个体差异和不同需求出发进行课程设计，才能使学生学习与锻炼的积极性得到提高，才能促进学生进步。

## 四、整体上推动体育教学价值实现的路径

### (一)科学认识体育课的作用和意义

目前,广大学生家长还没有充分认识到体育的作用和重要性,没有认识到体育对学生身心健康的重要促进作用。对此,应该多用体育教学的成功案例来向家长证明体育课程的重要性,引起包括家长在内的社会各界形成对体育课作用与意义的正确认识。

### (二)引导学生参与课堂互动

为了更好地实现体育教学价值,需要督促学生在课堂上多与教师或与同学展开互动,使学生多了解体育及社会人文知识。而要提高学生互动的积极性,就要科学设计课堂教学,引入有趣的教学内容,引导学生形成正确、全面的体育认识。

### (三)提升教师的素质,改进教学方法

目前,体育教师的体育知识水平、技能水平都有了很大程度的提高,但因为他们在学习过程中重体轻文,所以文化素质相对较差,这就影响了体育教学价值的实现。因此,必须努力提升体育教师的人文意识和修养,提高其综合素质,使其能够熟练运用多种新型的教学手段和方法开展有效教学,避免学生重蹈偏体轻文的覆辙,推动学生“文”“体”的全面发展。

### (四)科学制定体育教学评价体系

学校应科学改革体育教学评价体系中不科学的制约性因素,构建新的评价体系,增强对学生身体素质、人文素质、心理道德修养等方面的综合考评。

各校构建的体育教学评价体系必须与本校实际相符,包括教

学环境实际、教师实际与学生实际，即从这些多方面的实际出发构建评价体系，从而发挥体育教学评价的重要作用。

## 第三节 现代体育教学价值的回归探索

现代体育教学价值体系是由生命价值、教育性价值、迁移价值、生活价值、审美价值及文化价值等多元价值组合而成的综合大系统，在体育教学中实现这些价值的回归，对现代体育教学层次与水平的提高具有重大意义。本章主要就其中的生命价值、生活价值及教育性价值的回归进行研究。

### 一、现代体育教学生命价值的回归

#### （一）体育教学与生命教育

人的体育需要是提高身体健康水平的需要，即通过身体锻炼来增强体质，人的体育需要体现了社会进步与发展，这也是社会深层次需要的反映。人的生命不止包括自然生命，同时还有精神生命、社会生命，这几个部分密切联系，构成了生命的统一体，简单又复杂。

体育教育要回归生命的本质，就要将自然生命教育、精神生命教育及社会生命教育有机结合起来，在尊重生命、回归生命本质的基础上展开具体的教学活动。精神生命教育是内在生命的教育，是在自然生命教育基础上的较高层次的教育，个体的人格集中反映在这一层次的教育中。在体育教学中进行精神生命教育，关键是要使学生吸收体育与精神文明，同时也要大力构建校园体育精神文化。

下面从自然生命与社会生命两方面来理解体育教学是生命教育的内在需要。

### 1. 体育教学是自然生命的需要

我们都知道，促进人全面健康发展是教育的最终目的诉求，但人发展的基础是什么，却很少有人提及。自然生命是人发展的基础，基于这一认识，人的发展就不止包括身心的发展，还包括道德的发展、智能的发展以及人格的发展，只有这些方面共同发展，人的自然生命才能继续延伸，也才更有意义。

人的自然生命能够延续到什么程度，直接受教育活动的影响，体育教学活动对延续与丰富人的自然生命具有重要的作用。体育教学从根本上追求身心和谐、健康发展，直接层面上追求强其筋骨、益其体肤、延长生命。作为体育教育根基的“体”又是以“身”为根基的，“身”同样是“心”的根基，体育教学追求身心统一，从身到心都要健康，这是个体整个生命中的不懈追求。体育教学不仅追求身体素质的发展，还追求心理的发展。只有达到身心协调发展的目标，体育的“体”才是集“智、德、美”等于一体的真正意义上的“体”，而非单纯的身体。

体育教学历史悠久，现代体育教学的发展从现代社会进步中获得了很多有利的条件。21 世纪，生产力迅猛发展，这主要得益于以信息技术为代表的现代科技的发展，生产力发展又促使人类社会向信息社会的过渡，同时逐渐从工业社会中走出。机械化、电气化、自动化以及智能化随着信息社会的到来而充斥在每个人生活的方方面面，大大提升了人们的工作与生活节奏，人们一方面沉浸在高科技带来的快感中；另一方面又因为一切都变得越来越快而感到苦恼，而信息社会带来的最大困扰是，人们的生活越来越智能化，原始的身体活动越来越少，人们的健康受到了威胁。

“健全的体魄，高尚的道德情操，丰富的科学文化知识”是联合国教科文组织在 20 世纪 70 年代对现代教育提出的人才培养要求，以适应当时社会发展和需求，在新的人才培养计划中，体育教学的地位重新受到重视，体育教学的关注度也越来越高。各国响应联合国号召，争先恐后变革体育教学，深入研究体育教学理论,探索体育教学实践,体育教学内容、教材以及教学方式是研究与改革的重点。在这一背景下,日本的“快乐教育”思想逐渐确立并传播开来,在该思想的指导下,对人格的培养与个性的完善成为体育教学追求的目标之一,而且体育教材的结构研究和小集团教学成为体育教学改革与发展的新方向,最明显的体现就从单独追求身体健康和掌握技能过渡到追求身心协调平衡发展。

2. 体育教学是社会生命的需要

社会个体都是集自然属性与社会属性于一体的,都是拥有双重属性的。社会生命教育的本质是推动个体的社会化,即使人从“自然人”转变为“社会人”,承担一定社会角色。体育作为社会文化现象之一具有一定的复杂性与特殊性,人的教化、精神的形成、品格的发展等与体育的关系都非常密切。体育是非生产性体力活动,它直接或间接影响着人的社会化进程与社会化实现程度。

体育教学具有目的性、组织性与计划性,其在推动学生社会化转变,提升学生社会适应能力方面发挥着重要作用。学生在体育教学中不仅能够了解社会行为规范、学习社会行为准则,掌握社会行为方式,还能形成社会行为能力。不同的社会角色有不同的行为准则与规范,也有其相应的行为期望。扮演不同社会角色的个体都要彰显自身的个性,即与该角色相符的特点,这能够加快人的社会化实现进程。每个个体都要对适宜社会角色的规范、规则及行为方式加以学习,争取达到社会生命的要求,获得进入社会的“入场券”,而体育教学为学生这方面的学习提供了良好的环境与平台。

(二)体育教学生命价值的回归诉求

21 世纪,科学技术高速发展,在新的历史时期,体育教育教学目的与社会需求的联系越来越密切,这是由时代发展与社会发展双重驱动的结果。新时期的体育教学必须科学改革原有的教学观,与时代发展相适应,坚持社会目标的导向,深刻挖掘与理解体育内涵，可见新时期的体育教学要想取得发展，必须先转变观念，具体表现在以下三个方面。

### 1. 转变体育观

人们的思想与体育观要随着社会的进步而做出相应的改变，即从单纯的“生物体育观”(集中注意力挖掘体育对人的生物性改造功能)，过渡到人文精神和人文体育观上，强调“以人为本”，如果这时依然还只是一味重视体育的生物改造功能，对人的精神发展毫不重视，则说明体育的发展出现了“异化”，这是不正确的体育发展道路，需要及时认清形势，及时改正错误。

对于现代人而言，树立人文体育观具有以下意义。

(1)干扰竞技运动的物化与异化。

(2)促进体育运动与人自我教育和自我发展的结合。

(3)使体育真正成为人们日常生活中一种积极健康的生活方式和休闲方式。

### 2. 转变教育观

随着社会的进步与文明成果的积累，市场经济发展中受到的知识经济方面的影响越来越大，市场经济社会因此而面临着艰巨的挑战，这就对现代体育人才提出了更多更高的要求，具体表现在以下几个方面。

(1)基础理论知识过硬。

(2)同时拥有人文知识与科技知识，知识全面、丰富。

(3)有能力获取知识。

(4)专业技能扎实。

(5)博学多才、品行高尚。

从上面这些要求可以发现，现代体育教学对学生生命的数量、质量都有严格的要求，对数量和质量都很重视，因此对科技知识与人文知识的教育力度在不断加强，高校尤其如此。教学的现代化发展趋势中，一个重要表现就是将体育教育、人文教育、科技教育融为一体，使学生集中专业素质、文化素质与道德品质于一身，实现生命的完整发展与整体提高。

3. 转变价值观

作为学校教育的一个重要组成部分，体育教育应该及时对传统的价值观进行改革，向“实现学生生命最大价值”的价值观转变。人的生命价值的大小、实现程度在某种意义上是由个体的主观努力程度所决定的。人只有通过接受教育才能形成对自己的生命价值的认识，在人追求与实现自己生命的价值方面，教育具有义不容辞的责任，这也反映了体育生命化教育的目的。

在生命教育中，要积极引导学生对自己生命的价值的主动追求，促进其生命的价值的实现。教育的目的永远不是由具体的任务或者技术训练构成的，引发与唤醒人类对生活的思考与认识，或培养人性意识才是教育的目的。当前，认知意识仍处于被遮蔽状态的人依然有绝大多数，因此，需要通过教育将其这种认知意识唤醒。所以，对待教育，必须脚踏实地，认真严谨，从总体出发，夯实基础，从而使个人的才能得到充分发挥，使人的个性得到全面发展。

总之，要真正回归体育教学生命本质的价值，就必须对体育教学的生命本质进行深层次理解，在此基础上关注生命，积极转变观念，坚持社会需求的价值导向，使体育教学充分发挥自身在引导学生生命发展的完整性方面的重要作用。

### （三）实现体育教学生命价值的重要路径

1. 设置体育教学目标与生命化教育

在体育教学中，不仅要将体育知识、技能输送给学生，使学生获取知识，掌握技能，提高身体素质与运动能力，还要引领学生用心去对生命的价值进行感知与体会，这在体育生命教育中最为重要。教育的本质是让人学会做人，使学生将课堂上的感知运用到生活中，关注学生的心灵体会，而不是传授了多少知识。在体育生命教育教学中，体育教学目标的设置要符合生命本质，这就需要做到以下两点。

(1)关注学生个体生命

在体育教学中，尤其是运动技能练习中，要引导学生将身心共同投入其中。在挖掘学生的体能潜力后，要让其体会到快乐和愉悦；当学生在竞争中失利后，要让其感知到失落和挫败；在学生获得同学的关心后，要让其重新鼓起勇气，继续努力。

体育教学是一个人性感知的历程，这是建立在获得知识基础之上的。在学生掌握体育知识后，要让学生真正从内心深处体会到生命在于运动的含义及运动之于生命的重要意义。所以，体育教学中能够明显反映出生命的整体性，通过体育教学，要把学生培养成身体健康、心理健全、能够勇于面对挫折和接受挑战的人，这也是体育教学的主要目标之一。

(2)理解学生都是独立的生命个体

传统教育中，学生就像是木偶，没有思维，只是被动接受知识。而在体育生命教育中，学生有鲜活的生命，有丰富的思维，是活灵活现的生命个体。学生作为生命个体，在不同的阶段有不同的成长，因此，学生对于生命的感知也具有阶段性特征。让学生战胜与超越自己，在困难面前克服心理障碍，迎难而上，不管是否成功，对精神在生命中的意义都有独特的领悟，这正是体育生命教育的关键，也是体育教学的一个重要目标。该目标要求在体育教学中将学生的独立性把握好，要重视学生的情感体验。

### 2. 安排体育教学内容与生命化教育

能否深入研发与探究体育教学内容，在一定程度上决定着体育教学改革的成败。当今社会，从生命角度出发，把学生作为生命个体，着重发挥其主动性的教学非常少，体育教学也是如此。学生是体育生命教学的主体，因此，在教学内容设置与安排中必须以学生的生命意识为源泉，以挖掘与培养学生的思维、主体能动性、独立能力为出发点。基于此，体育教学内容的安排可从以下两方面着手。

(1)设置能够带来愉悦感知的教学内容

体育教学要重视学生对生命的感知，重视学生对生命的理解与感悟。学生只有在体育教学中体验到生命的意义与快乐，才能主动克服学习困难，主动学习知识，锻炼体能，掌握技巧，从而进一步获得对体育的深入认识。

(2)体育教学内容和实践有机结合

结合实践设置与安排体育教学内容，能够促进学生认知的多元化，提高学生掌握知识的兴趣，强化学生的技能。体育生命教学强调将生活融入课堂，弱化体育题材的主体地位，将爬山、跳房子、呼啦圈等更具生活气息的活动内容引入体育课堂教学中，也可以根据具体的教学条件把蒙古舞、摔跤等民族项目带入课堂中，培养学生的民族情结。

### 3. 选择体育教学方法与生命化教育

培养有血有肉的全面发展的人，以人为中心，发挥人的主观能动性，这是我们改革体育生命教育的主要目标。基于此，应从以下两个方面出发开展体育教学。

(1)学生是学习主体

在教育过程中，学生必须是一个积极的参与者和探索者，而不是一个被动的接受者和教师灌输的对象，要充分发挥学生的主体能动性，确立学生的主体地位。教学效果如何，教学的影响力如何，都是通过作为学习主体的学生反映出来的。只有真正将学生作为课堂上的主体，真正以学生为中心展开教学，学生学习的主动性才会更强，学习的动机才会更加积极。比如，为了增强学生的臂力，可以组织简单的比赛，男女要各自分组，能够在杠杆上停留最长时间，且动作最准确的一组学生获胜。也可以安排男生做俯卧撑，增强学生体魄，使其获得乐趣。这些都可以提高学生的锻炼积极性，从而也会提升其学习能力。

(2)学生身心全面发展是生命完整发展的核心

在体育教学中,要重视学生的心灵感受,对学生的积极感知进行培育,从而深入发掘学生的学习动机。学生只有建立了正确的、积极主动的学习动机,才不会出现逆反的学习心理,他们会保持良好的学习心态,自由自主地学习体育知识,掌握运动技巧,而且这样的学习会更持久,更有益。

### 4. 构建师生关系与生命化教育

教育是一项充满交流与互动的活动,在这一特殊的社会活动中,人与人之间展开对话交流,从而构建了教与学的关系。在体育生命化教育中,老师和学生的关系已经超越了主体与客体的关系,他们之间的互动是生命之间的交流。不同生命主体之间的交流与对话体现了师生关系的价值,具体表现如下。

(1)合作和交流的关系

在现代体育课堂上,老师指导学生,扮演指导者的角色,而非传统教学中自导自演的角色。师生之间利用体育课堂这一特殊的教学场所而展开交流互动,并相互协作完成教学任务。在学生的练习活动中,老师是检查员角色,督导学生完成练习。在这一过程中,老师必须投入全部身心仔细观察每一个学生,并且在处理自己与学生之间的关系以及学生与学生之间的关系时,要学会运用感情的方式。这样的教学能够使学生摆脱枯燥的锻炼者角色,使其获得心灵上的释放和自由,在体育课堂教学中,只有师生共同努力,才能打造创新型的活动乐园,只有构建平等的师生关系,师生之间才会更加信任,才会更密切地合作,也才会更加尊重对方。在体育教学中,要让学生获得成就和对生命价值的感知,使学生全面发展。

(2)同一视角的平等关系

师生之间要建立平等关系,就要打破教师统治课堂的局面,提高学生的地位,使学生在课堂上有权利自由探讨和发表意见,发挥学生的主体性。教师与学生的地位没有高低之分,在相互沟通时，教师要表达真情实感，以真心换真心，从而营造有趣的、活跃的、感人的课堂氛围。与此同时，教师要提高自己的修养，尽可能不要将负面情绪带到课堂上，而要以热忱的一面感染学生。

## 二、现代体育教学生活价值的回归

### （一）体育教学生活化概述

《体育课程标准》明确指出："要重视从学生的生活经验和已有的知识中学习体育和理解体育。"[①]现代学者在体育研究中倡导回归自然，回归生活，基于自然与生活的角度对体育进行研究成为体育研究领域的一个热点。

体育教学生活化是学校体育教学范畴中的一个概念，指的是在体育教学中从学生的生活经验出发对与学生生活联系密切且能够调动学生学习积极性的教学内容、方法等进行挖掘与设计，从而使学生自觉学习的过程。在体育教学中，如果学生对课堂上出现的某个情境较为熟悉，其便有兴趣参与这个情境下的体育学习活动，而如果对学生来说教学情境完全陌生，其很难融入进去。因此，教学情境的设计要偏于生活化，在体育课堂上搭建体育与生活的桥梁，使学生认识到体育并非离自己很遥远，而是切切实实发生在身边的一项活动。

#### 1. 体育教学生活化的含义

当前，对于体育教学生活化，人们还缺乏准确的理解，理解不到位自然也就无法在教学中真正落实这一点。因此，首先必须解释清楚什么是体育教学生活化，其真正含义又是什么。下面我们从三个方面来解释。

---

① 张丽荣．体育教学的价值回归探索［M］．北京：中国纺织出版社，2017．

(1)体育教学生活化是教学与生活的结合

陶行知先生曾指出,我们要“在生活里找教育,为生活而教育”,这一观念给现代体育教学带来的启示作用非常重要,要求我们清除陈旧老套的体育教学内容,改革那些离学生生活实际遥远的教学内容,处理那些与学生思想认识能力不符的教学现象。《终身教育经典文献:学会生存——教育世界的今天和明天》也指出,必须在空间和时间上重视对教学活动的重新分配,从而将生活经验与教育真正融合起来。由此可知,对体育教学资源的挖掘必须以贴近生活为主,甚至可以直接从生活中挖掘资源,教师创造的教学情境必须有趣、有生活气息,一定程度上还原生活中的某个场景,使学生在充满生活气息的环境中学习与掌握将来能够运用到实际生活中的知识与技能,从而达到学以致用的目标。这比枯燥乏味的传统体育课堂教学更有现实意义,效果与长期效益更突出。

(2)体育教学生活化是对学生生活世界和精神世界的关注

陶行知先生指出,在教学活动中要解放孩子的头脑、手脚,从空间、时间上使他们获得充分的自由,从自由的气息中接受教育。学生在体育教学中既有认知需要,也有一定的心理需要,但教师往往忽略了学生的心理需要,一味追求认知目标,关注学生掌握了多少知识与技能,课堂教学比较机械,与学生原本的生活完全不同,学生即使暂时学到了知识,也无法理解这些知识与自己的生活有何关系,也无法体会到精神生活的意义。

在传统体育教学中,因为课堂离生活遥远,所以学生的精神世界单调贫乏,甚至是萎靡不振,而如果教师能从生活的角度展开教学,积极营造充满民主、趣味、和谐的教学气氛,关注学生的心理需求与精神需求,使课堂教学如同一个生活缩影,有喜悦、有悲伤,有成功、有挫折,有思考、有交流,有血有肉、丰富多彩,就能使学生的精神世界变得积极而活跃,也能使学生认识生活中真实的自我,增强学生的自信心,完善学生的人格。

(3)体育教学生活化关注学生将来可能选择的生活,发展学生能力

陶行知先生认为,生活教育的含义,简单来说就是给生活以教育,用生活来教育,为丰富生活而教育。从这一点来看,教育之所以要培养学生的社会适应能力,促进学生的社会化发展,主要就是为了给学生未来更美好的生活提供保障。因此在体育教学中,教师不仅要引导学生掌握体育知识与技能,还要使学生明白这些知识与技能如何在生活中发挥作用,如何用这些学习所得来对现实生活进行改善,从而在根本上强化学生体质健康,为学生未来发展打好基础,做好准备。

### 2. 体育教学生活化的内容

体育教学生活化具体体现在教学目标、教学内容及教学方式等方面,下面就这几个内容进行分析。

(1)体育教学目标生活化

根本上来说,体育教学就是培养人的活动,在体育教学生活化改革中,满足学生生活需求、建构可能生活才是体育教学的根本目标,而非传统教学中的目标,如增强体质、提高技能等。这一根本目标中,“可能生活”体现了对学生内在价值的重视,体现了人文关怀,即关注学生的生存状态及生活方式,注重对学生生存、生活能力的培养,同时引导学生自我关怀。

体育教学目标生活化要求在体育教学目标制定中综合考虑以下两个要素。

第一,整合学生的现实生活需要和可能生活需要,使学生在学习中接受生活熏陶,培养其独立人格和自主意识。

第二,整合人类生活经验和发展需要与学生现实生活世界及学生自我价值实现。

在考虑上述两个因素的基础上,应从发展角度出发将课堂教学目标确立下来,这个环节的根本着眼点在于学生可能选择的生活,起点为学生已经形成的生活认识,条件为现实课堂生活。

(2)体育教学内容生活化

生活教育理论要求密切结合人类的社会生活来开展教育教学,即为了生活的丰富多彩,为了人与社会的进一步发展而实施教育。此外,该理论还要求教育活动中应该教“人生需要的东西”,应该密切结合人类社会的实际生活而选取教学内容,力争满足课堂教学的生活化要求,在课堂上将生活中的具体问题展示给学生,使学生在常见的生活情景中解决问题。

在对体育教学内容资源进行选择与整合时,不要一味从科学世界和竞技世界中选取素材,要看到生活世界中也有大量丰富的教学素材与资源。事实上,当前我国体育教学内容就已经呈现出了生活化倾向,这主要体现在纯技术性的、生命力弱的内容在不断减少,而相应增加了生命力鲜活、生活色彩浓烈的内容,这也是体育新课程改革的成果。新课程改革中,与学生实际特征相符是选取体育教学内容的一个主要原则,同时体育新课程注重培养学生的兴趣,而将学生熟悉的、感兴趣的和贴近学生生活的内容融入体育课堂教学中,自然就能够激发学生的兴趣与积极性。

在体育教学内容的选编中,可以创设贴近学生现实生活的“生活情景”,消除学生对课堂的恐惧感,使学生犹如置身于日常生活环境中,这样学生才能更好地进入学习状态,在玩与动的过程中积极思考、认真探索,在活跃的环境中达到学习的目标,体验体育课堂的魅力。学生兴趣的养成与强化是其树立终身体育意识的基础与前提。

体育课程改革要求将应用价值强的练习内容引进体育课堂,要求选择的身体活动方法能够对学生产生长期的效益与价值,使学生能够可持续健康发展。学生走向社会后需要经常用到的内容是教学的重点,多讲多练对于学生更好地适应社会,立足社会并服务于社会具有重要意义。

(3)体育学习方式生活化

在体育教学中,学生获得技能主要有两种途径,第一种是从教师的讲授中获得,第二种是学生通过自己的活动体验去获得,实践证明，通过第二种途径获得的体验更深刻。体育新课程主张在体育教学中采用探究学习、自主学习、合作学习等方式。例如，体育教师在教学的开始部分对接近生活的课堂情境进行创设，对教学任务进行合理分配，学生基本进入学习状态后，教师运用多媒体设备不断重复播放动作，并明确告诉学生通过练习要达到什么目标，练习中要达到哪些要求，学生观看和听讲后，学习的兴趣会不断强化，从而自主自觉练习，以完成学习任务，取得良好的学习效果。这与传统的、枯燥的、机械的体育课堂教学相比，更有利于促进学生的发展，有利于促进学生主观能动性的发挥。

生活教育理论是具有科学性与进步性的教育理论，其生命力旺盛，现实意义强大，在推进体育教学改革方面发挥了巨大的作用。在生活教育理论的指导下，体育教师应积极树立新型课程理念，在教学中将学生的认知规律作为一个主要出发点，带领学生全身心投入体育学习中，使体育成为学生现实生活的一部分，使学生对生活中的体育有更深刻的理解，能够站在现实生活的角度上对体育加以审视与评价，从而获得对体育现实价值和意义的深刻感知。在体育教学中，要将运动技能和生活知识有机结合起来，相互衍生、相辅相成，并将生活教育思想的精华创造性地融入体育教育中，在先进理念的指导下开展体育教学工作，最终实现提升学生综合素质的目的。

### （二）现代体育教学生活化中存在的问题与缺陷

将书本知识和现实世界、现实生活联系起来，这是体育新课程教学所强调的重点，因此，体育教师要对学生的生活经验给予密切关注，对满足学生的现实需求给予高度重视，使体育教学的生活意义及生命价值从根本上得到强化。

然而，通过对当前我国体育教学实践的调查与分析发现，新课程所倡导的“生活化”教学并不是“原汁原味”的生活化，体育教学生活并没有真正落实，主要存在以下问题。

1. 简单的生活移植

培养学生，促进学生全面发展的教学目标要求体育教学回归生活，回归生活不是将生活场景简单地搬到课堂上，不是为了贴近生活而勉强创设不伦不类的生活情境。这样根本不可能达到预期效果，甚至也不会取得像之前那样的教学效果。部分体育教师将大量的人力、物力、财力投入到将生活场景照搬到课堂的工作中，以追求教学的生活化。

例如，在体育公开课或示范课中，教师将扁担、箩筐、南瓜等非体育性教材的生活实物搬到课堂上，美其名曰“生活情境”“课堂设计亮点”“创造性课堂”，但理智地来看，这无异于“作秀”，这样的情境创设是不恰当的，与体育教学的性质完全不符，这样只会改变体育教学原来的“味道”，使体育教学显得幼稚、肤浅。

2. 偏离学生实际

体育课堂教学中，学生的学习状态、学习情绪如何，与教师对学生学习经验的评估有关，评估“过高”或“过低”，学生都不可能保持良好的学习情绪与身心状态。所以，在体育教学中，为了满足生活化的要求，要从学生的生活中挖掘学习材料，将这些生活材料与体育知识技能有机结合，从而拉近体育教学与学生生活的距离，对学生的学习兴趣进行激发，提高学生的学习兴趣与效果。

在一些体育教学实践中，虽然体育教师尽可能满足体育的生活化教学要求，但这里的生活与学生的生活还是有差距的，不是从学生实际出发的生活，甚至严重偏离学生生活实际，这就导致学生的现有生活经验无法运用到学习实践中，从而影响了学生的学习情绪与效果。

3. 流于形式

当前，很多体育教师对体育教学生活化的理解还显得比较肤浅，不够透彻，而且有片面化倾向，生搬硬套、流于形式等问题的产生都是源于无法正确深入地理解“何为体育教学的生活化”。例如，日本的“快乐体育”思想广泛传播后，体育课堂失去了规范性、严谨性，一味强调玩乐，这无异于“放羊式”教育，表面看师生之间很融洽，也都很快乐，但最终却不出成绩，看不到效果，学生在课堂上掌握的体育知识与生活体验十分有限，这严重违背了快乐体育教学思想的初衷，也是对这一思想的亵渎。

体育教师必须清楚地认识到，体育教学的生活化不能为了生活而生活化，不能勉强生活化，否则体育教学就变质了，生活化是要将学生的生活实际与运动技术教学结合起来，达到一种适度的生活化，从而使学生的技能、体能、生活经验都能得到发展。

### （三）体育教学生活价值的回归诉求

现阶段，体育教学中存在着严重的问题，其中与生活化方面相关的问题主要表现为教育内容与学生生活实际不符、与学生认识水平及现实经验不切合，代表性事件是“阳光体育”大搞形式化，缺乏持久性，快乐体育过于空洞化与理想化，缺乏内涵等。而陶行知的生活教育理论对于解决这些现实问题具有积极的意义。体育教学中选用的体育资源，必须有相当一部分是从实际生活中挖掘与吸收而来的，课堂教学情境必须有趣味性，和学生生活贴近，而且没有半点勉强，体育教师要指导学生在生活中运用所学知识和技能，学以致用，从而使学生的生活质量在原来的基础上得到改善。

为了使体育走进学生生活，发挥体育的现实功能，使学生深入理解体育与生活的关系，理解体育对丰富与完善生活的实际意义，体育教师需从以下几方面来努力进行体育教学改革。

#### 1. 转变教学观

改革体育教学现状，使其走向生活化之路，首先要转变教学观念，这是体育生活化教学的基础与前提。陶行知先生提出“教学做合一”，就是要结合生活活动来进行教学，这就对体育教学的主导者——体育教师提出了新的要求，如尊重学生，关注学生生活，使学生获得生活经验与改善生活的能力。对此，体育教师应深入理解教学的生活化，明确教学定位，与学生建立平等的关系，密切互动与交流，改变传统的不科学的师生关系，引导与帮助学生进步，而不是一味压制学生，控制学生。

陶行知先生还提出："生活教育与生俱来，与生同去。出世便是破蒙，进棺材才算毕业。"可见，陶行知所说的"教育"是指终生教育，它以"生活"为前提，生活是一切活动与智慧的来源。他坚决反对没有"生活做中心"的死教育、死学校、死书本。《全民健身计划纲要》中指出："要对学生进行终身体育的教育，培养学生的体育锻炼意识、技能和习惯。"①

"健康第一""终身体育"是体育教师应当大力倡导和积极落实的教学理念，培养学生的健康意识与终身体育意识应该被更多的教师重视起来，在教学中要将学生的生活需求联系起来，满足学生的生活需求，对于学生的个体差异，要给予尊重，要尽可能全面兼顾，要考虑现在的教学内容、理念及方法是否对学生改善生活有益，对学生未来职业化发展有益，要尽可能使学生对体育的本质有深刻的把握，使学生获得丰富的生活体验与体育经验。

2. 落实体育教学目标的生活化

体育教学和所有的教学活动一样，都是为了培养人，这一宗旨要求在体育教学中将根本教学目标确定为满足学生的现实生活需求和对学生可能生活的塑造。在具体教学目标的设计中，要综合考虑学生的生存状态、生活方式、生活能力及可能生活，从而确立不同的教学目标，如认知教学目标、情感教学目标、意志教学目标等。

让学生获得一定的技术技能并不是体育教学的唯一目标，让

---

① 张丽荣. 体育教学的价值回归探索[M]. 北京：中国纺织出版社，2017.

体育成为学生的一种健康生活方式，使学生树立积极的生活观是体育教学的又一重要目标。

3. 落实体育教学内容的生活化

使教育教学与人类社会生活紧密结合，为了打造健康、积极、向上的生活而实施教育，人生需要什么而教什么，这是陶行知生活教育理论的核心。体育教学的生活化集中体现在体育教学内容的生活化中，因此，与人类社会实际生活密切联系的素材与资源应该成为体育教学内容的主要来源，切实落实课堂教学内容的生活化。

体育教学内容要与学生特点相符，要能满足学生需求，要能培养学生兴趣，因为提高体育教学效果的主要突破口就是提高学生的兴趣。体育教学内容比例中，纯技术性的、生命力不够的内容应适当减少，学生熟悉的、喜欢的，贴近其生活的内容应该适当增加。体育教学是否贴近学生的实际生活，体育的生活价值是否得到体现，要看体育教学内容与学生的经验的接近程度。

由此可知，体育教学在选择教学内容时，应当尽可能选择学生感兴趣的、喜闻乐见的、技术难度适中的、有利于培养学生终身体育锻炼能力的运动项目，对密切联系学生实际生活的课程资源进行深入挖掘，同时将其充分运用到体育教学中，让体育教学充满生活气息。在安排教学内容时，专门创设和学生实际生活、情感经验、生活阅历密切相关的“生活情景”，使学生深刻感受体育的吸引力，从而引起学生共鸣，激发其学习积极性。

4. 落实体育学习方式的生活化

在体育学习中，应主张自主、合作、探究的学习方式，改变传统体育教学中学生重复模仿、机械枯燥练习等现象，推动学生进行积极、富有个性的有效学习。

## 三、现代体育教学教育价值的回归

### (一)现代体育教学中教育价值的缺失

强身健体、教化育人既是体育的本色,也是体育的本质,所以,体育本属于教育范畴,是具有自身规律与特征的教育活动。所以,不管教化还是育人,文化和教育是体育最终的必然归属。

课堂教学是学校教育中最基本的活动形式,也是最主要的活动形式。但在体育课堂教学中,教师却总是有意无意地忽略学生的生存状态及生命价值,这就造成了教育和教学的相互分离。传统课堂教学观最大的缺陷就是简单地将丰富复杂的课堂教学过程划归为一种特殊的认识活动,完全将课堂教学与整体的生命活动隔离开来,忽视了以下两个主要问题。

第一,忽视了教师与学生作为独立个体既有多种需要,又有无限的潜在能力。

第二,忽视了师生共同活动体的双边多向交互作用。

上面列出的两点从根本上而言就是忽视了课堂教学过程中人的因素,这是体育教育始终停留在工具性教育层次的主要原因。传统体育教学"目中无人",不重视人生命的丰富性,只是作了简单化的处理,体现不出对生命价值的追求,因此教育界中让体育教学回归教育本源的呼声越来越高,体育教学的教育性价值是其本真价值,"文化育人"的功用主要就体现于此。

《普通教育学纲要》第一条中明确写到:教育学就是以生命的可塑性为前提,探讨如何将这种可塑性从可能性变为现实性的科学。体育是教育的一个重要组成部分,在所有的教育形式中,能够使学生最直接、最深刻地感受人生、体验人生的教育形式就是体育。体育教学承担着培养全面发展的人的重要任务,这是其同其他课程的相同之处。通过体育教学,要使学生生命更加完整与完美,要提高学生的生命质量。

当前，我国的体育教学状况显然还未能充分满足对全面发展的人的培养要求，教学问题、矛盾、困难及瓶颈普遍存在，最突出的问题就是教育因素在课堂教学中的缺乏，体育课只是教师传授运动技能的媒介，教师完全按照教材或教案来组织课堂教学，汇编教学内容，一味强调学生对运动技术和技能的掌握，而对学生的身体锻炼、身体健美及自我生命展现则漠不关心，这样的体育教学不免有了功利色彩，与教育的原点渐行渐远。此外，在传统师资培养模式的影响下，知识结构单一、专业素养不够的体育教师不在少数，这些教师的眼里只能看得到学生掌握了多少技能，而看不到学生其他方面的进步与发展。体育教学的身心培育、团队精神、文化熏陶等教学要求已被完全忽视，寓教于乐的体育教学特点也渐渐弱化，学生参与体育活动的情绪体验、学生主动性、创造性的发挥等依旧得不到重视。总之，教育的精神在体育教学领域一步步走向萎缩，而且很多教师都没有意识到，甚至意识到也没有奋起变革的想法与胆识。

### （二）体育教学教育价值的回归诉求——开展“教育性教学”

开展“教育性教学”要求做到以下几点。

#### 1. 整合人文教育和知识教育

目前，学校体育迫切需要解决学生体质逐年下降的问题。在体育教学目标中凸显增强体质的目标是对的，这与我国国情、学生身体现状也是相符的。但是我们忽略了“教育使人社会化”这个很重要的问题。教育的目标之一是促进人的社会化，所以不能单单从体质本身着手来对学生的体质问题进行解决，头痛医头、脚痛医脚的做法是无法将问题从根本上解决的。很多情况下，人们对体育的解释与理解都比较狭隘、肤浅，即贸然提出技术的掌握和体质的增强就是体育的实质。文化本位思想的回归才是从根本上解决学校体育教学中所遇到的各种问题的必然选择。

从文化学视角来看，社会大文化中包含体育这一要素，体育语言和体育符号、体育知识和体育技术、体育规则和体育制度、体育观念和体育精神、体育行为和体育价值等都是体育文化的组成因素或表现形式。从育人的角度来看，体育教育和人文教育关系密切。一方面，体育教育和人文教育具有内在同一性，人的能动性和创造性是人文精神和体育精神得以发挥的主要依赖。体育精神追求“真”与“实”，人文精神追求“善”与“美”，要达到真、善、美，就需要将两者结合起来；另一方面，思维方式与能力在体育教育与人文教育中都很受重视。形象思维是体育教育强调的重点，逻辑思维是人文教育强调的重点，二者缺一不可。科技、社会和教育的发展及人的全面发展等都要求体育教育与人文教育的融合，可见二者的融合是历史的必然结果。

赫尔巴特曾提出，教学课程必须内容广泛，必须体现多方面性，这样才能充分培养学生的品格，对学生进行良好的知识训练，而这些要求在体育教育中都能得到满足。“教育性教学”要能够提高学生的理性思考能力，体育美学恰恰能够达到这一目标。蔡元培先生也曾指出：“体育中含有大量的美育因素，体育是实施美育的重要手段之一。”生命时时刻刻都在运动，这是生命“美”的体现，而这种美也恰好集中反映在体育中。学生在体育教学中积极参与运动锻炼，切身体验速度与力量，爆发力与技巧，获得心灵愉悦和精神享受。体育运动美对人的感召力、教育性是不可估量的。

### 2. 落实“教”“管”结合的育人思想

苏霍姆林斯基说：“教给学生能借助于已有的知识去获取知识，这是最高的教学技巧之所在。应教给学生一些方法，让他们有的放矢；应给学生一点启示，让他们举一反三。”[①]“教”是体育教学的基础，“学”是体育教学的根本，二者之间双向互动，“学”以“教”为前提，“教”要落实到“学”上，“教”引导“学”，由“学”来实现

① 张丽荣.体育教学的价值回归探索[M].北京：中国纺织出版社，2017.

“教”的目标。因此，体育教学的立足点必须及时转移，即从重“教法”转到重“学法”上，将学生的主体地位确立下来，并给予尊重、重视。要使教与学的基本功能得到最优化的发挥，就要在体育教学中将学生的主体性作为基本点，同时为了实现学生的主体作用，需要以体育教师为主导。

总而言之，教师的主导和学生的主体是体育教学的两个方面，二者相辅相成、相互促进。要更好地发挥学生的主体性，就要对教师的主导性有正确的认识。

赫尔巴特曾说：“教师必须在确保工作能顺利进行下去的范围内，可以给予学生最大限度的自由，这种方式乃是最好的教育方式。”[①]体育教学中，纪律严格，规则明确，使学生知道有所为，有所不为；何时为，何时不为，使学生在课堂上释放自我，收获知识和力量，从而达到“高峰体验”，这便是体育教学的意义所在。

人的全面发展离不开体育的教育，体育教学充满生命活力，社会和民族应该为体育教育的缺失而感到悲哀。值得庆幸的是，我国体育教学经过不断的改革，正在逐渐打破“对人的局部关注”的局限，并不断回归教育的原点。

当前，我国体育教学很少真正触及教学活动中根本性的东西，即很少关注学生对自身生命的需求，既没有将此作为体育教学的起点，也没有将“满足学生对自身生命的需求”确定为终极教学目的。这样的教育缺乏使命感，没有责任担当，是盲目的、肤浅的。因此，在今后的体育教学改革中必须将此重视起来。

3. 实现隐性因素的潜移默化的作用

(1)“身”教

对于学生在教学活动中的学习状态，有这样一种形象的说法，将学生的眼睛、耳朵、大脑分别比作“录像机”“录音机”和“计算机”，学生的大脑储存录下来的信号，学生的行动由这些信号支

① 张丽荣. 体育教学的价值回归探索[M]. 北京：中国纺织出版社，2017.

配。需要重视的是,无意识的内隐心理活动中往往蕴藏着巨大的学习潜能。人们大量的无意识活动、大脑中的经历与经验促进了灵感的产生,造就了自发的创造活动,使人达到豁然开朗的境界。因此,在体育教学中,教师不仅是“人类灵魂的工程师”,还是“塑造人类健美的建筑师”。体育教师要不断提高自己理解美和欣赏美的能力,要善于对体育教材、运动项目中所蕴含的审美因素进行充分深入的挖掘,从而将体育、美育融为一体,将蕴含美的教学语言、教学环境、教学行为呈献给学生,让学生在学习中对体育的自然美、运动美、艺术美、心灵美、时代美等有深刻的体验。另外,体育教师作为学生的审美对象之一,举手投足间都具有一定的审美意义和教育意义。体育教师要从思维点拨、智慧启迪、价值引导等方面充分发挥自己的作用与价值。

(2)“风”教

这里的“风”指的是学风、教风、校风,是校园舆论及师生共同价值观、道德规范、行为准则的表现。校园体育文化指的就是校园体育的“风气”,校园体育文化的育人方式较为独特,在人才培养中发挥的作用举足轻重。体育教学应加强对学生体育学习兴趣和积极性的培养,让体育融入学生生活,从而对学生身心健康水平的提高、良好习惯的养成、审美情趣的发展、进取精神的塑造等各个方面都产生积极的影响。

除了开设体育课外,课外体育活动、运动训练、竞赛等丰富多样的学校体育形式都可以达到这一目标,因此,要将体育课堂教学与其他教育形式有机结合起来。

# 第三章　现代体育教学内容发展论与科学选择研究

体育教学内容是实施体育教学的载体，是学校体育教学中培养体育人才的一个重要知识性媒介和工具，是实现体育教学目标与完成体育教学任务的重要保障。一定程度上而言，体育教学内容是体育教学体系的核心。因此，必须加强对现代体育教学内容的研究，提高对体育教学内容的认识，学会科学选择与组织实施体育教学内容，不断完善体育教学内容体系，进而推动体育教学的整体发展。本章主要就现代体育教学内容发展论及其科学选择展开研究，主要包括体育教学内容分析，体育教学内容的现状、改革与发展，体育教学内容的选择、组织与实施以及体育教学内容资源的开发与利用等。

## 第一节　体育教学内容分析

### 一、体育教学内容的概念

体育教学内容是依据体育教学的目标选择的、根据学生发展需要和教学条件加工的、在体育教学环境下传授给学生的体育知识、运动技术和比赛方法等的总称。①

① 蔺新茂，毛振明. 体育教学内容论[M]. 北京：北京体育大学出版社，2014.

## 二、体育教学内容的结构

现阶段我国体育教学内容主要由三大部分构成，德国体操与瑞典体操体系；现代体育竞技、娱乐与游戏内容体系；民族民间传统体育体系，图 3-1 所示的立体结构反映了我国体育教学内容的构成系统。

体育教学内容的三大组成部分在体育教学内容系统中犹如三个支撑点，各自占有一定的地位，发挥着重要的作用，具有相对的稳固性，不容易动摇，也不可替代。

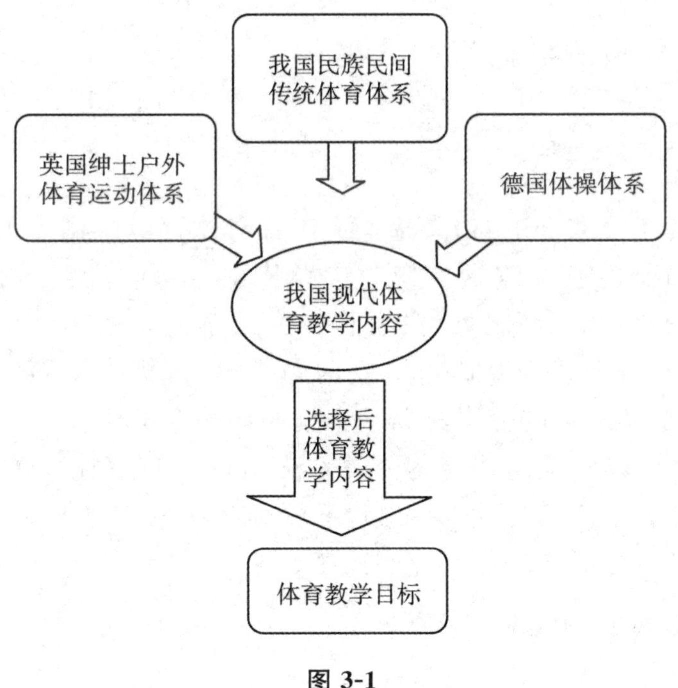


图 3-1

体育教学内容的三大组成部分既相对独立，又相互联系，相互促进，相互影响，图 3-2 形象地反映了三者之间的关系。

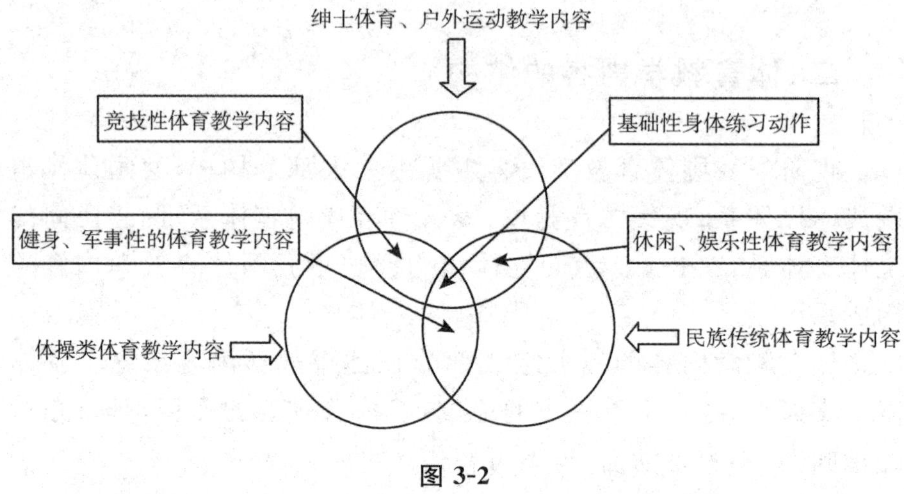


**图 3-2**

## 三、体育教学内容的分类

### (一)交叉综合分类法

传统体育教学中,相关教育工作者对体育教学内容的分类主要以运动项目或身体素质作为参考依据,这种分类方法比较单一,而且有很多不足之处,没有将体育教学内容的丰富多彩体现出来,后来王占春研究员将这些问题指出后,提出了新的分类方法——"交叉综合的分类法",基本框架如图 3-3 所示。

与传统体育教学内容的分类方法相比,王占春提出的分类方法使体育教学内容更多样,凸显了体育教学内容本身的丰富性,这是对传统分类方法的补充与改革。

### (二)教学目的分类法

体育教学内容的交叉综合分类法虽然一定程度上弥补了传统分类方法的不足,与传统分类方法相比具有一定的优越性,但其本身也存在问题,如不合逻辑,层次感模糊,对体育教学内容中涉及的上位、下位等相关概念与内容理解不透彻等,这些问题被毛振明指出后,得到了一定的改进。毛振明认为,在体育教学分类中,必须认识到运动项目或身体素质上面还有其他上位概念,所以提出了依据教学目的而对体育教学内容进行类型划分的"上位分类方法",也即教学目标分类法,基本框架如图 3-4 所示。

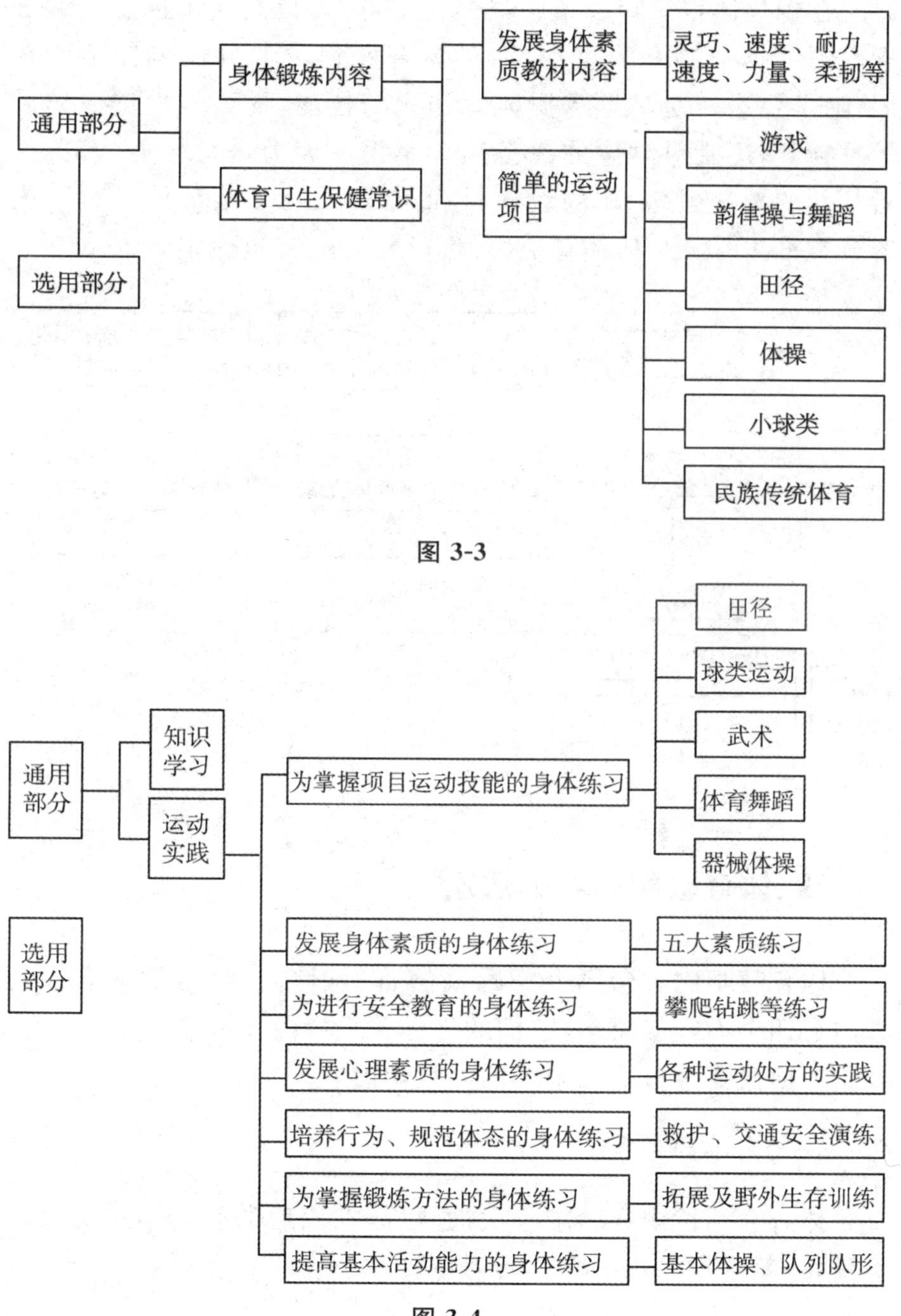


图 3-3

图 3-4

### (三)体育能力发展分类法

在现代体育课程改革中,学生个体能力提高与个性发展的理念受到了越来越高的重视,而且体育课程教学目标也在不断拓展,除了要达到使学生掌握体育知识与技能,提高学生健康体质等目标外,还要对学生的终身体育意识及能力进行培养,有关学者从新的教学理念、新的教学目标出发,提出了新的体育教学内容分类方法——个体体育能力发展分类方法,如图 3-5 所示。

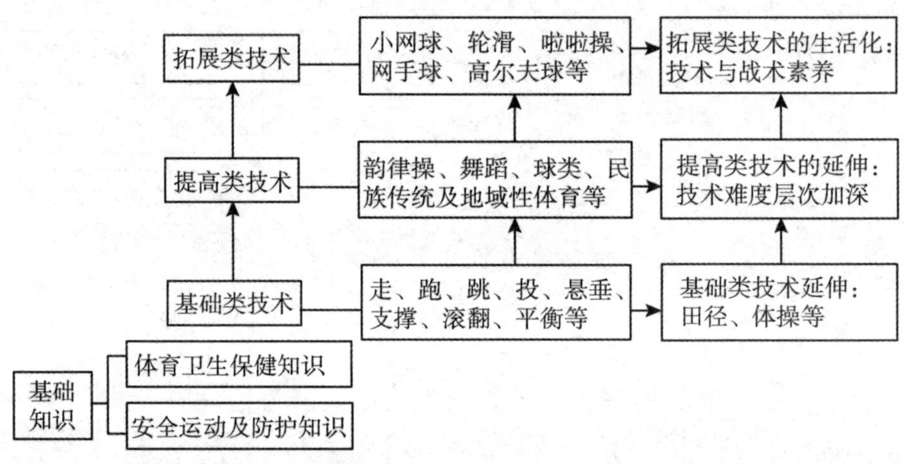


图 3-5

## 四、体育教学内容的层次

体育教学内容包括介绍性内容、锻炼性内容、粗学内容及精教内容四个不同的层次,它们的坐标关系如图 3-6 所示。

下面简要分析这四个层次的教学内容。

### (一)介绍性内容

体育介绍性内容要求一次性教好,在以后的教学中不必过多重复,一般教授方式以大单元为主。

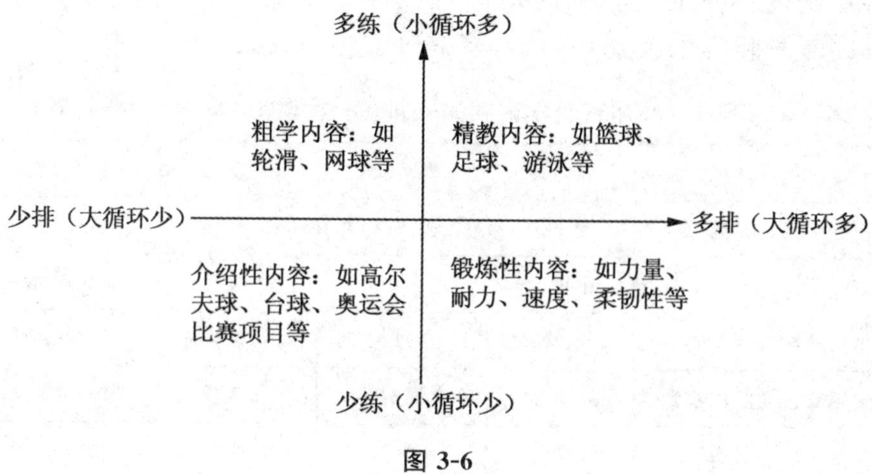


图 3-6

### (二)锻炼性内容

锻炼性内容主要包括体能锻炼内容,此外还包括体验性和知识性内容,在体育教学内容中占有一定的比例,以小单元传授为主。

### (三)粗学内容

粗学内容可以专门来教,也可以作为其他内容的辅助内容而穿插性地教,以小单元传授为主。由于这类内容健身功能突出,趣味性强,所以很受学生欢迎。

### (四)精教内容

体育教学中的重点内容一般都来自于精教内容,所以对这类内容的教学必须给予高度的重视,但这类内容在每节体育课的教学中不能占太多的比例,否则影响体育课堂教学效率,通常以大单元传授为主。

前两类教学内容一般出现在某个年级中,后两类几乎出现在各个年级中。由于各层次内容都有自己的特征、地位、作用及意义,因此在学期教学计划制定中,要根据教学目标、教学任务、教学条件等方面的要素对其进行有针对性、有目的性的安排,保证各层次内容在最适宜的时机出现在课堂中,优化教学效果,促进学期教学目标的实现,具体参考表 3-1 和图 3-7。

**表 3-1　不同层次体育教学内容的安排(每学年有效学时按 60 计算)**

| | 介绍类 | 锻炼类 | 简教类 | 精教类 |
|---|---|---|---|---|
| 在各年级的安排 | 少安排 | 多安排 | 少安排 | 多安排 |
| 单元规模 | 小单元 | 超小单元 | 大单元 | 超大单元 |
| 单位教学内容学时数 | 1～2 学时 | 10 分钟/学时 | 7～10 学时 | 15～30 学时 |
| 全年安排教学内容数 | 3～4 类 | 全面锻炼 | 2～3 项 | 1～2 项 |
| 全年所用学时数 | 5 学时 | 5 学时 | 20 学时 | 30 学时 |

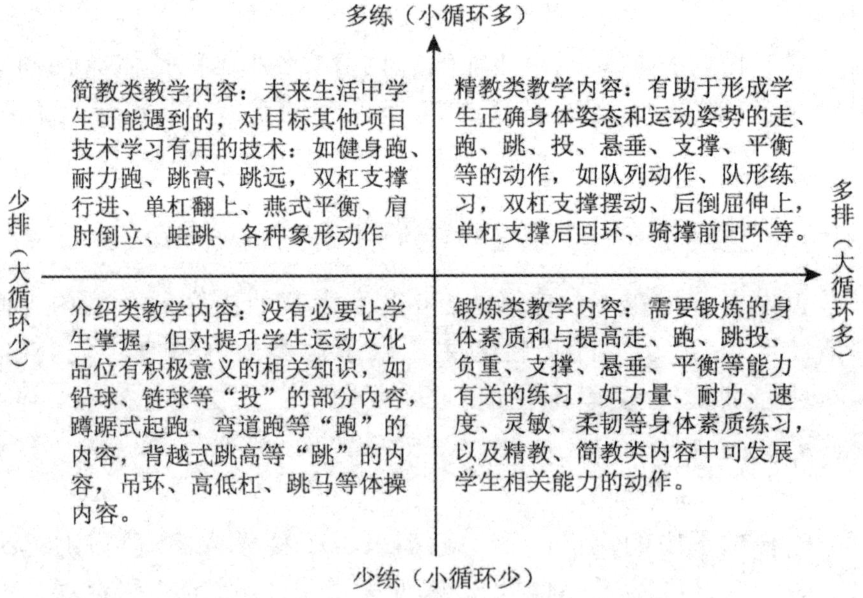

多练（小循环多）

少排（大循环少）

多排（大循环多）

简教类教学内容：未来生活中学生可能遇到的，对目标其他项目技术学习有用的技术：如健身跑、耐力跑、跳高、跳远，双杠支撑行进、单杠翻上、燕式平衡、肩肘倒立、蛙跳、各种象形动作

精教类教学内容：有助于形成学生正确身体姿态和运动姿势的走、跑、跳、投、悬垂、支撑、平衡等的动作，如队列动作、队形练习，双杠支撑摆动、后倒屈伸上，单杠支撑后回环、骑撑前回环等。

介绍类教学内容：没有必要让学生掌握，但对提升学生运动文化品位有积极意义的相关知识，如铅球、链球等“投”的部分内容，蹲踞式起跑、弯道跑等“跑”的内容，背越式跳高等“跳”的内容，吊环、高低杠、跳马等体操内容。

锻炼类教学内容：需要锻炼的身体素质和与提高走、跑、跳投、负重、支撑、悬垂、平衡等能力有关的练习，如力量、耐力、速度、灵敏、柔韧等身体素质练习，以及精教、简教类内容中可发展学生相关能力的动作。

少练（小循环少）

**图 3-7**

各校要结合本校实际来安排以上层次的教学内容,可在上述参考的基础上根据实际进行调整,从而保证体育教学计划的实施与本校实际相符,提高本校体育教学质量。

# 第二节　体育教学内容的现状、改革与发展

## 一、体育教学内容的现状调查

为了对我国体育教学内容的现状进行了解，有关学者特调查了180名高中学生（最后收回150份有效调查问卷）和13名高中体育教师，他们来自不同的高中学校。下面分析调查结果。

### （一）体育教学内容能否达成教学目标

关于当前设置的体育教学内容能否实现体育教学目标这个问题，13名体育教师有不同的回答。调查结果见表3-2。

**表3-2　体育教学内容是否能够实现体育教学目标的调查**①

| | 人数 n | 比例% |
|---|---|---|
| 完全能 | 1 | 7.69 |
| 基本能 | 5 | 38.46 |
| 一般 | 2 | 15.38 |
| 不可能 | 4 | 30.77 |
| 不能 | 1 | 7.69 |

上表显示，认为当前学校开设的体育教学内容可以实现预期体育教学目标的教师占61.5%，其中认为体育教学内容完全能够、基本能够和一般能够实现体育教学目标的体育教师分别有1名、5名和2名。共38.46%的体育教师认为当前学校设置的体育教学内容无法满足教学目标的要求，其中认为体育教学内容不

① 黄天涛.高中体育新课程改革教学内容问题分析及对应策略[D].贵州师范大学,2015.

可能和不能实现体育教学目标的体育教师分别有4名和1名。

## (二)学生对体育教学中理论知识的满意度

以学生为调查对象调查其对学校安排的体育理论知识的态度后了解到,对学校体育教学中体育理论知识的安排感到满意的学生共有71名,达47.33%的满意度,其中9.33%(14人)的学生表示"很满意",12.67%(19人)的学生感到"满意",还有25.33%(38人)的学生表示"一般"。52.67%的学生对学校安排的体育理论知识感到不满意,共79人,其中14.67%(22人)的学生感到很不满意。调查结果具体见表3-3。

**表3-3 学生对体育教学中理论知识的满意度①**

| | 人数n | 比例% |
|---|---|---|
| 很满意 | 14 | 9.33 |
| 满意 | 19 | 12.67 |
| 一般 | 38 | 25.33 |
| 不满意 | 57 | 38.00 |
| 很不满意 | 22 | 14.67 |

## (三)师生对体育实践课程的评价情况

### 1. 体育教师对体育实践课程内容的评价

调查发现,84.62%的教师认为当前学校开设的体育实践课程内容陈旧;38.46%的教师认为学校开设的体育实践课程内容与学生实际生活脱离;30.77%的教师认为学校体育实践课程教学中对运动技能训练不够重视;7.69%的教师认为现在学校体育实践课程的教学内容对学生未来没有价值。调查结果见表3-4。

---

① 黄天涛.高中体育新课程改革教学内容问题分析及对应策略[D].贵州师范大学,2015.

**表 3-4　体育教师对体育实践课程内容的评价情况调查**①

| | 人数 n | 比例% |
|---|---|---|
| 内容陈旧老套 | 11 | 84.62 |
| 内容与学生生活实际不符 | 5 | 38.46 |
| 对运动技能训练不重视 | 4 | 30.77 |
| 内容对学生未来发展没有意义 | 1 | 7.69 |

2. 学生对体育实践课程内容的评价

调查了解到，认为当前学校开设的体育实践课程内容陈旧落后的学生占 86.67%(130)；认为学校开设的体育实践课程内容与自己实际生活脱离的学生占 51.33%；认为学校体育实践课程教学中对运动技能训练不够重视的学生占一半；认为现在学校体育实践课程的教学内容对自己的未来没有价值的学生占 15.33%，调查结果见表 3-5。

**表 3-5　学生对体育实践课程内容的评价情况调查**②

| | 人数 n | 比例% |
|---|---|---|
| 内容陈旧老套 | 130 | 86.67 |
| 内容与生活实际不符 | 77 | 51.33 |
| 对运动技能训练不重视 | 75 | 50.00 |
| 内容对未来发展没有意义 | 23 | 15.33 |

### (四)传统体育项目与新兴体育项目是否有必要结合

1. 对教师的调查

对高中体育教师进行访谈调查后了解到，认为体育教学中

① 黄天涛. 高中体育新课程改革教学内容问题分析及对应策略[D]. 贵州师范大学，2015.

② 同上.

传统体育项目与新兴体育项目有必要结合的教师占一半多，其中认为很有必要结合的教师有 5 人，占 38.46%；而认为结不结合无所谓及认为没必要结合的教师共有 4 人，占 30.76%，调查结果见表 3-6。

**表 3-6　教师对传统体育项目与新兴体育项目结合的必要性的态度①**

| | 人数 n | 比例% |
|---|---|---|
| 很有必要 | 5 | 38.46 |
| 必要 | 4 | 30.77 |
| 无所谓 | 2 | 15.38 |
| 没有必要 | 2 | 15.38 |

2. 对学生的调查

调查发现，认为体育教学中传统体育项目与新兴体育项目有必要结合的学生达一半以上，其中认为很有必要结合的占 38.67%。而认为结不结合无所谓及认为没必要结合的学生共有 49 人，占 32.66%，调查结果见表 3-7。

**表 3-7　学生对传统体育项目与新兴体育项目结合的必要性的态度②**

| | 人数 n | 比例% |
|---|---|---|
| 很有必要 | 58 | 38.67 |
| 必要 | 43 | 28.67 |
| 无所谓 | 35 | 23.33 |
| 没有必要 | 14 | 9.33 |

① 黄天涛. 高中体育新课程改革教学内容问题分析及对应策略[D]. 贵州师范大学，2015.

② 同上.

## (五)是否有必要开设体育选项课

### 1. 对教师的调查

在访谈中发现,认为体育选项课程很有必要及有必要开设的体育教师分别占76.92%和23.08%,见表3-8。

**表3-8　教师对开设体育选项课的必要性的态度①**

| | 人数 n | 比例% |
|---|---|---|
| 很有必要 | 10 | 76.92 |
| 必要 | 3 | 23.08 |
| 一般 | 0 | 0 |
| 没必要 | 0 | 0 |

### 2. 对学生的调查

调查中发现,认为开设体育选项课程很有必要的学生占43.33%,认为有必要的占29.33%,认为没必要的占9.33%,剩下的学生对这方面的态度一般。

**表3-9　学生对开设体育选项课的必要性的态度②**

| | 人数 n | 比例% |
|---|---|---|
| 很有必要 | 65 | 43.33 |
| 必要 | 44 | 29.33 |
| 一般 | 27 | 18.00 |
| 没必要 | 14 | 9.33 |

从调查结果来看,认为应当开设体育选项课程的教师与学生达很高的比例。

① 黄天涛.高中体育新课程改革教学内容问题分析及对应策略[D].贵州师范大学,2015.

② 同上.

## (六)职业实用身体训练课程内容是否需要增设

访谈中了解到,认为需要在体育教学中增设职业实用身体训练内容的教师占84.62%,其中认为很需要的占30.77%,认为不需要的只有1人,见表3-10。

**表3-10 职业实用身体训练课程内容是否需要增设的调查**①

| | 人数n | 比例% |
|---|---|---|
| 很需要 | 4 | 30.77 |
| 需要 | 7 | 53.85 |
| 都可以 | 1 | 7.69 |
| 不需要 | 1 | 7.69 |

大部分教师支持在体育教学中增设职业身体训练内容,对教师支持的原因进行调查后发现,认为这类教学内容具有针对性,符合专业特点,所以应该增设的教师有92.31%,认为这类内容健身效果好,对职业病有预防作用,所以应该增设的教师有76.92%,认为这类内容对专业技能发展有促进作用,所以应该增设的教师有69.23%,认为这类内容对学生未来发展有价值和意义,所以应该增设的教师有38.46%,见表3-11。

**表3-11 教师认为必须增设职业实用身体训练的原因**②

| | 人数n | 比例% |
|---|---|---|
| 具有针对性,符合专业特点 | 12 | 92.31 |
| 健身效果好,预防职业病 | 10 | 76.92 |
| 对专业技能发展有促进作用 | 9 | 69.23 |
| 对学生未来发展有价值和意义 | 5 | 38.46 |

① 黄天涛.高中体育新课程改革教学内容问题分析及对应策略[D].贵州师范大学,2015.

② 同上.

## (七)影响体育教学内容的因素调查

### 1. 对教师的调查

调查发现,在影响体育教学内容的众多因素中,选择体育教学指导理念的教师有 84.62%,选择体育教学目标的教师有 92.31%,选择体育教学反馈机制的教师有 69.23%,选择师生关系的教师有 76.92%,见表 3-12。

**表 3-12　体育教学内容的影响因素调查 1①**

| 影响因素 | 人数 n | 比例% |
| --- | --- | --- |
| 指导理念 | 11 | 84.62 |
| 教学目标 | 12 | 92.31 |
| 反馈机制 | 9 | 69.23 |
| 师生关系 | 10 | 76.92 |

### 2. 对学生的调查

在影响体育教学内容的众多因素中,选择体育教学指导理念的学生有 88.67%,选择体育教学目标的学生有 85.33%,选择体育教学反馈机制的学生有 86.00%,选择师生关系的学生有 90.00%。

**表 3-13　体育教学内容的影响因素调查 2②**

| 影响因素 | 人数 n | 比例% |
| --- | --- | --- |
| 指导理念 | 133 | 88.67 |
| 教学目标 | 128 | 85.33 |
| 反馈机制 | 129 | 86.00 |
| 师生关系 | 135 | 90.00 |

① 黄天涛.高中体育新课程改革教学内容问题分析及对应策略[D].贵州师范大学,2015.

② 同上.

总之,体育教学内容不完善与体育教学指导理念、教学目标、师生关系、反馈机制等因素有很大的关系。

## 二、体育教学内容的问题分析

### (一)体育课程内容资源开发出现偏离

在体育新课程改革中,强调体育教学目标对教学内容的统领作用,所以从学生的兴趣出发对体育教学内容进行安排是较为科学的。为了满足学生的兴趣及需要,学校在体育教学内容中加入了很多新兴的项目,极大地丰富了体育课程资源,但是被带入体育课堂的新兴内容中,除了体育性内容,还有一些与体育关系不大的非体育性内容项目,如情景剧、魔术杂技、多米诺骨牌、手工、电子竞技等非体育文化内容。这使得体育教学内容本身的专业性得到质疑。

学校必须清楚,并不是为了活跃课堂氛围,丰富课程资源,就可以将任何内容都不加分辨地带进课堂中,这样的教学是盲目的,会对教学目标的实现产生很大的不利影响。在体育教学内容创新中,并不能一味追求内容、器材等方面的不同与新意,教学内容的实用性也不是说要在体育课堂上给学生教生活技能。目前,关于体育教学内容的选择是体育课程教学改革的最大难点,也是改革的关键性问题。对于教学内容的偏离问题,教育部门也在积极修订与管理,以保证体育教学内容真正为教学目标而服务。

### (二)对运动技能的忽视

运动技能是一种完成某项运动的肌体动作系统,其具有目的性、意识性及科学合理性。让学生学习体育知识,掌握体育技能,培养与提高其健康水平及体育能力,这是体育教学最基本的问题。而学生对体育知识的学习及其体育能力的发展的基础都是先掌握运动技能。运动技能的学习在传统体育教学中广受关注，而对学生兴趣和全面协调发展的忽视是传统体育教学的弊端。但随着体育新课程的深入改革，学生的全面健康与全面发展得到了重视，而运动技能的学习却被忽视，甚至一些教师认为这与体育锻炼是相互对立的关系，这样的体育教学改革虽然弥补了传统教学的一些不足，但又面临着新的困境，出现了新的问题，可以说是从一个极端向另一个极端的转变。

在一些中小学的体育教学中，将游戏作为体育课程教学主流的现象非常普遍，学校认为践行新课程改革，只要使学生的兴趣得到满足，让学生快乐学习就可以了，这与体育课程改革的目标与意义完全相违背。还有一部分学校虽然在体育课程中安排了运动技能的内容，但形式化的成分很重，对规则、技术都进行了过分的简化，难度与要求极度降低，影响了运动技能教学的锻炼价值和意义。

### （三）传统体育项目与新兴体育项目的突出矛盾

我国各族人民在长期的生产、生活实践中总结、创造了丰富多彩的传统体育项目，民族传统体育体现了人民无穷的智慧，与我国的体制、生活环境密切相关，对我国人民身体素质的提高具有重要的促进作用。鉴于民族传统体育的重要地位与价值，我国在体育课程改革中将此纳入其中，使其成为体育教学内容的重要组成部分，以此对学生的身体素质进行培养，同时促进民族文化的弘扬与传承。

新兴体育项目在我国体育课程教学中的位置也很重要，这些项目大都来源于国外，也有一些是我国新开发的体育项目，我国开设新兴体育项目课程体现了东西方体育文化的融合，体现了我国体育与世界体育的接轨。但是在体育教学实践中，盲目崇拜新兴项目，忽视传统体育项目的情况大量存在，很多学生认为只有学习新兴项目才能走向流行的前沿，才能引领潮流，并认为传统体育是过时的，因而导致民族传统体育教学的“空”

与“虚”。

在我国体育新课程改革中，需重视对传统体育项目和新兴体育项目关系的正确认识与处理，若不给予相应的关注，民族传统体育的弘扬与发展就会受到严重的制约。

## 三、体育教学内容的改革与发展对策研究

### (一)重视体育教育

体育教育的受重视程度不够是影响体育教学内容发展的一大原因，针对这一现状，应先提高各界对体育教育的重视程度，如学生对体育教育的重视、学校对体育教育的重视、家庭对体育教育的重视、政府对体育教育的重视等，使这些力量形成合力，共同推进体育教育的发展。

#### 1. 政府方面对相关政策措施的不断完善

(1)为保障学生可以积极参与体育教育，政府应出台相关政策文件，在国家建设的总体规划中将此纳入其中，提升到战略的高度，并加大经费支持力度。

(2)教育部门应加强对素质教育的推进与实施，避免一味追求升学率，使学生的课业负担有所减少，有时间参加体育锻炼，使学生的成长更健康、快乐。

#### 2. 家庭方面对体育的重视

学生能否形成正确的体育观念，其中起关键性作用的一个因素就是家长对体育的态度。学生参加体育活动的时间、范围等在某种程度上直接由家长的态度所决定。因此，家长必须首先自己重视体育，认识到体育对孩子健康的重要意义，树立正确的教育观、成才观，从而对孩子参加体育活动给予积极的鼓励。同时，家长也要积极组织家庭集体性体育活动，创建良好的家庭体育环境

与氛围，对孩子的体育锻炼兴趣进行培养。

#### 3. 学校方面重视体育教育建设

体育活动形式多样，为了让学生积极、主动地参与其中，必须加强学校的体育教育建设，将体育教育的相关图片、设施等合理布置在教室、走廊、宿舍等地，营造浓郁的校园体育氛围，促进拼搏、奋斗等体育精神的弘扬及其对学生的感染。

此外，学校也应与社会其他单位取得联系，积极配合，开展校内外合一的体育活动，鼓励学生积极参加。

#### 4. 学生从思想层面上提高认识

必须使学生从思想层面认识到体育锻炼对自己健康的重要意义，并充分认识到青少年体质健康对社会主义建设、体育强国建设的重要性，从而促进青少年学生责任意识的增强。此外，要让学生认识到体育锻炼对自己建立人际关系，增进友谊的重要性，从而使其积极参与集体性的体育活动。

### （二）准确理解体育课程的性质

正确理解体育课程的性质对完善体育课程教学内容非常必要，具体从以下几方面理解。

(1)体育教学坚持“健康第一”的教学思想，关注学生全面健康。

(2)体育教学以“身体锻炼”为核心内容与主要手段，辅以知识讲解和游戏。

(3)体育与健康知识、技能和方法是体育课程教学的主要内容及主要目标。

(4)体育课程是一个有效整体，实施多种内容，实现多种价值和功能。

### (三)对体育教学内容要合理选择

对体育教学内容的合理选择关键要做到以下两点。

1. 与目标一致

新一轮体育课程改革没有明确规定体育教学内容，所以在教学内容的选择上有很大的范围，但这也给教师确定与把握教学重点增加了难度。体育教学目标是一定的，在一定的教学目标的引领下选择教学内容相对就不那么“散”了，学校要在严格考虑教学目标的基础上选择教学内容，所选的内容必须与教学要求、教学目标相符，能够实现教学目标。对传统体育教学中游戏或表演部分过多的虚化内容必须要进行适当的改革，从而使学生在有限的体育课堂上将运动技能牢牢掌握，实现体育教学的目的。

2. 与实际情况相符

学校的教学设施、教师的教学素质、学生的身体素质与基础能力等都是学校安排体育教学内容时应当考虑的范畴。有些学校所选的教学内容虽然比较新，但与学生的实际情况不符，只是为了突出个性与特色，这样的内容无法使学生真正掌握体育知识和技能，也会使学生对体育课的作用与价值产生怀疑。为了改革这一弊端，应积极开设体育选项课，增设职业实用身体训练课，有机结合传统体育与新兴体育项目等。

### (四)促进体育教学反馈机制的完善

1. 评价主体多元化

(1)体育教师的评价

体育教师对于体育课程和学生的表现十分了解，他们提出的评价往往更符合实际情况。

（2）体育教师的自我评价

体育教师的进步离不开自我反思、检查与剖析，因此要进行自我评价。

（3）学生的评价

作为体育学习主体的学生对体育课程的感触最为直接，因此在体育教学反馈与评价方面最具发言权，了解学生对体育课程的建议有利于进一步完善体育课程教学。

### 2. 评价内容多样化

体育教学评价必须做到全面评价，如对体育教师教学情况的评价应包括以下内容。

（1）基本功

主要表现为体育教师对体育知识和技能的掌握程度。

（2）基本素质

体育教师的三观是否正确，对学生良好素质的形成具有直接影响，因此应将此作为对体育教师基本素质评价的主要内容。

（3）教学能力

体育教师的教学能力体现在语言表述能力、动作示范能力、教学组织与设计能力等方面。

（4）教学方法

教学方法能否发挥作用，与体育教师本身有很大的关系，因此在体育教学评价中应考察教师对体育教学方法的分析能力、研究能力、探索能力、创新能力、实践能力等。

（5）师生关系

在体育教学评价中还要注意考察体育教师与学生之间的互动关系、配合性等，这直接影响体育教学的效果。

（6）教学成效

评价体育教师的教学成果，关键是看体育教学是否出成绩，即看学生的考试成绩是否达到要求，这也是衡量教学质量的重要指标。

3. 跟踪机制的连续性

对学生身体健康和体能状况的跟踪机制的建立必须注意连续性、动态性，学校可定期组织一次体能测试，以对学生的身体状况有更充分的了解，针对测试结果和反馈信息提出改进建议，促进学生身体健康发展。

### （五）处理好教师和学生之间的关系

在体育教学中处理好体育教师与学生的关系是由体育教学的特点决定的。体育教学需要学生积极主动参与，需要学生同时进行思想活动与身体活动。教师在体育教学中占主导，学生占主体。对主导与主体关系的处理需从以下几方面进行。

1. 树立正确的学生观

教师在体育教学中的主导作用包括以下两方面的含义。

一方面，教导的含义，是指教育及引导，教师让学生明确方向，学会学习，这就是教导的作用。

另一方面，辅导的含义，是指辅助和疏导，帮助学生解决学习中遇到的问题是辅导的作用。

教师与学生在教学过程中分别起主导作用和主体作用，二者并不矛盾。学生从事学习活动需要在教师的指导下才能顺利进行，正因为有教师的引导，才能确定学生的学习主体地位。对学生学习主动性与积极性的充分调动是教师主导性的主要表现。教师的学生观如何，引导方式是否准确等，直接决定了教师能否成功调动学生学习的积极性。

在“教”与“学”中，教师将学生放在什么位置，这是教师的学生观的主要体现。学生在传统教学中还不具备主体地位，对于教师所教的内容，只是像一个“容器”或机器一样被动接受。教师的学生观极其不正确，从而造成了学生学习的盲目、压抑，使学生的厌学情绪越来越强烈。但是，也有教师对学生的主体性过分强调，对学生学习的主动性明显评估过高，从而将自己的主导作用弱化，这也是不正确的学生观，会造成学生学习的“无序”。

正确的学生观是，教师倡导“民主教学”，学会适当转变角色，当学生学习情绪强烈，学习兴趣高涨，学习能力得到一定的提高时，教师引导学生将主观能动性充分发挥出来；当学生学习疲惫或遇到问题时，教师给予引导或帮助。

### 2. 重视学习方法的指导

学生的学习成效直接由学习方法决定。在体育教学中，教师必须将“授人以鱼，不如授之以渔”的含义真正理解透彻，为了使学生的主体作用及主观能动性得到发挥，教师不能一味让学生学习知识，而应指导学生掌握学习方法，对其信息获取能力、信息分析能力及问题解决能力进行培养，使其学会使用正确的学习方法来达到学习的目的。总之，教师要重视传授学习方法，重在指导与引导，而不是强制性的“灌输”。

### 3. 营造轻松的课堂气氛

学生的学习氛围应该是轻松、民主及和谐的，这也是课堂氛围的创建要求，教师应营造这样的课堂氛围。教师“一言堂”的现象在传统体育课堂中普遍存在，传统课堂教学中，学生不得随意发表意见，必须事先经过教师的许可与同意，若随意发言，教师则认为这是对课堂秩序的扰乱，是对课堂纪律的不遵守，会给予学生一定的惩罚。学生在这样的课堂中会渐渐失去学习的兴趣。

在体育课程的新改革中，学生作为独特的学习个体得到了充分的重视，新课改要求教师对学生的个性、差异都要予以尊重，强调教师与学生的平等关系、有效互动，要求教师树立榜样，用自己的知识、情感及职业魅力去感染学生，这都是对传统教学中教师“一言堂”弊端的改革，对于学生学习效率的提高具有积极意义。

# 第三节 体育教学内容的选择、组织与实施

## 一、体育教学内容的选择

### (一)体育教学内容的选择原则

#### 1. 大众性选择原则

社会体育和地区体育特色是体育教学内容选择中应考虑的主要问题,使教学内容尽可能融入鲜明的地方色彩,体现出大众化倾向,这对于学生良好锻炼习惯的养成、体育教学实效性的提高、地区体育的发展具有重要意义。此外,从学生生活实际出发选择教学内容也是大众性选择原则的基本要求,这有利于学生学习积极性的提高及学有所用的目标的实现。

#### 2. 适切性选择原则

教学目标对教学内容的选择具有引领作用,教学目标是选择教学内容的主要依据,这就是适切性原则。这里的教学目标包括教师教的目标和学生学的目标,包括长期教学目标、阶段教学目标及单元教学目标。

为了达到使学生掌握体育知识、提高学生体育技能、培养学生良好的体育锻炼习惯的教学目标,应将体育文化内涵丰富的教学内容作为主要选择对象。

每个阶段都有特定的教学目标,不同阶段的教学目标具有不同的侧重点,因此必须结合这方面来有侧重地选择不同阶段的体育教学内容。

为了达到传承体育文化,繁荣体育文化的宏伟目标,应注意

选择特色鲜明的民族传统体育内容。

#### 3. 可行性选择原则

选择体育教学内容主要是为了在教学实践中将其付诸实施，从而实现教学目标，取得良好的教学效果，所选教学内容的可行性直接影响实施的顺利程度及实施效果。为了在教学实践中顺利实施教学内容，实现教学目标，提高教学效果，必须在基于现实情况的基础上选择教学内容，这里的现实情况包括学校的实际情况，如教学环境、教学条件；包括教师的实际情况，如教学能力、师资结构；包括学生的实际情况，如身心特征、学习需求等。此外，教学规律、学习规律、教学原理、教学目标、教学理念等也是必须考虑的客观实际。只有在主客观实际的基础上选择教学内容，才能确保这些内容真正发挥其价值与作用。

### (二)体育教学内容的层层筛选

体育教学内容的筛选方法有很多，这里基于上述原则重点来分析其中一个非常重要的选择方法——层层筛选法。

依据不同教学阶段体育教学目标的主次顺序，由主及次筛选体育教学内容的方法就是层层筛选。使用这一方法必须贯彻层层筛选原则，对体育教学内容严格选择。

层层筛选法的运用模型如图 3-8 所示。

使用层层筛选法必须严格贯彻大众性、可行性及适切性原则，不同的原则提出了不同的筛选要求，具体分析如下。

#### 1. 在大众性原则下的筛选

大众性原则要求选择广泛流行的、贴近学生实际的、对学生体育锻炼习惯养成与能力提高有积极促进作用的体育教学内容，从而激发学生学习的兴趣与积极性，顺利实现培养学生终身体育意识与能力的教学目标(图 3-9)。

目标四：培养学生健康意识、体育兴趣和锻炼习惯
篮球、排球、乒乓球、集体跳绳等，考试项目内容
目标三：培养学生良好的意志品质，乐观向上、积极进取的生活态度和作风
篮球、排球、足球、乒乓球、羽毛球、网球、毽球、集体跳绳等，考试项目内容
目标二：培养学生团结协作、互助友爱的精神和集体主义观念
大球类（篮、排、足），小球类（乒、羽、网），毽球，集体跳绳等，考试项目内容
目标一：学习体育基础知识、基本技术、提高运动技能
大球类（篮、排、足），小球类（乒、羽、网），棒球、垒球、橄榄球、冰球、水球，毽球，跳绳，民族传统类（武术、民俗体育）等
大众性原则
可行性原则
适切性原则
依据水平目标
选择教学内容
遵守选择原则

图 3-8

大众性强
符合学生兴趣特征；学校缺乏必要的场地、器材或教师不具备的体育技术地区性开展情况较差或不够普遍
基础类技术、提高类技术如体操、田径、球类等，教师可以教授，学校具备条件，具有地区性优势和普遍性的
目标适切性弱
目标适切性强
不符合学生学习特征，学校又缺乏必要的教学条件或教师无法教授的体育教学内容地区性开展情况较差或不够普遍
学校具备教学条件、教师可以教授，但具有学习的年龄特征学生接触较少的或较为复杂的体育教学内容
大众性弱

图 3-9

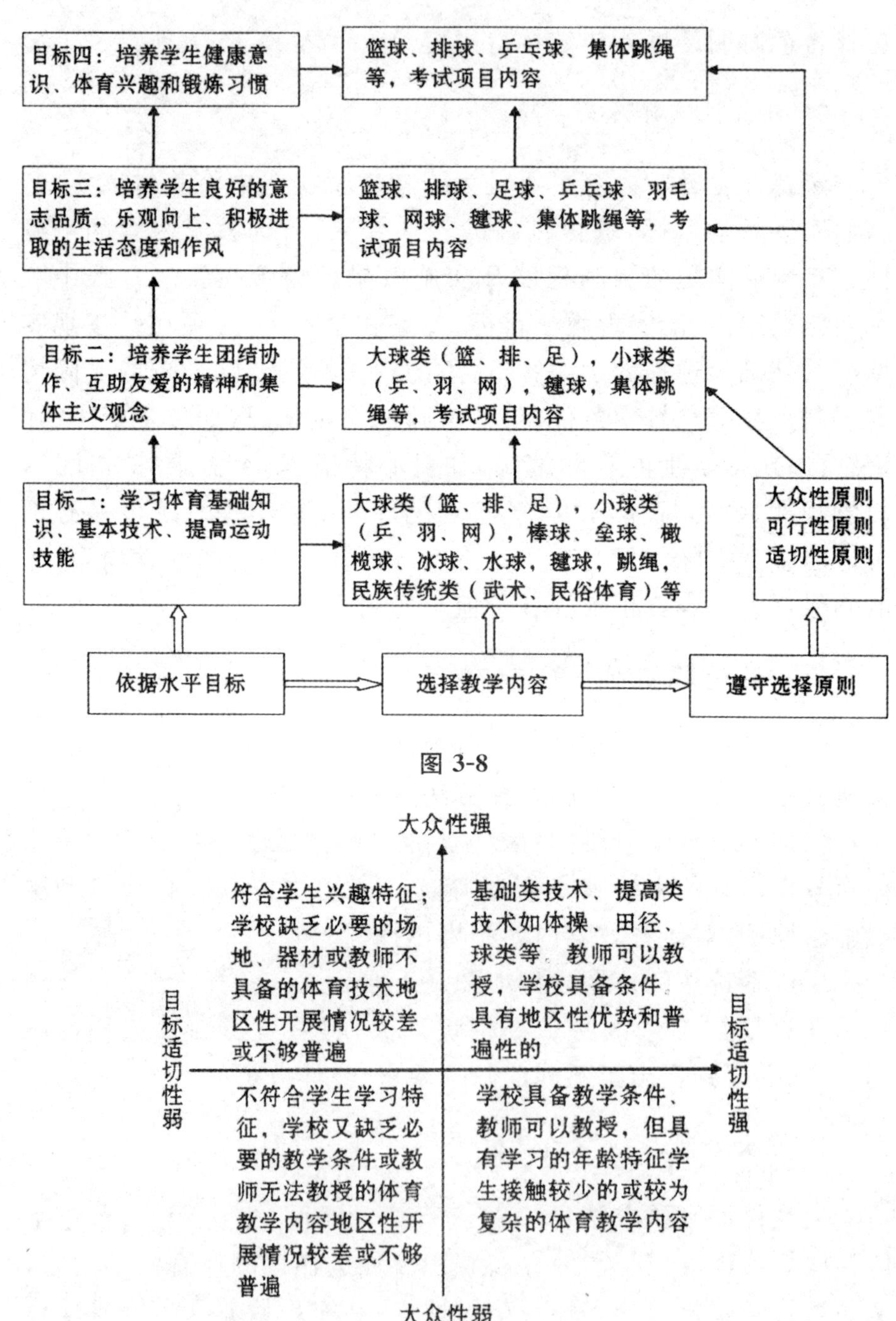

2. 在适切性原则下的筛选

适切性原则要求选择对实现体育教学目标有效的、与学校各方面实际相符的教学内容(图 3-10)。

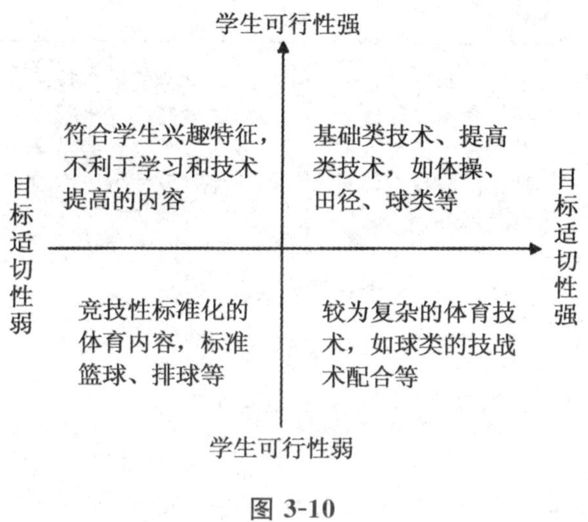


图 3-10

3. 在可行性原则下的筛选

可行性原则要求选择切实可行的教学内容，而与学生实际、学校实际、教师实际等各方面实际相符的教学内容才是切实可行的，只有符合实际，才有可靠的现实条件为这些内容的实施提供保障与支撑，从而使这些内容在实践中顺利实施，使教学内容的功能得到充分发挥，使教学目标能够顺利实现，使学生学到有价值的知识与技能，促进学生终身受益(图 3-11)。

如若所选的教学内容脱离了各方面的实际，尤其是脱离了学生的实际生活，华而不实，便难以使学生提起兴趣，无法在教学实践中顺利实施，从而影响体育教学进度与效果，教学目标也无法按预期顺利达成。

需要注意的是，尽可能不要让过于复杂和难度太大的教学内容出现在课堂上，以免打击学生的学习热情，使学生产生自己学不会的自卑心理。

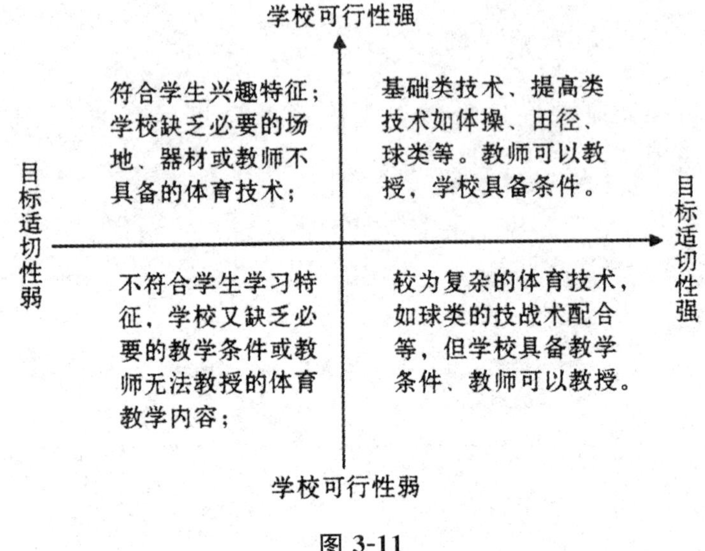


图 3-11

## (三)体育教学内容选择的对策

### 1. 依据体育素养进行体育教学内容的构建

(1)体育课程体系对体育教学内容的要求

首先,为促进学生核心素养的形成,体育教学内容的标准和教学课时必须达到相应的要求。学生核心素养的形成是以接受各学科的教育为基础的,其中体育学科能够基本保证学生核心素养的形成,因此必须合理安排体育教学课时,使教学内容达到相应的标准。传统课程内容编写标准,以科学性、完备性作为根本依据,主要体现形式为学科思路和逻辑性,这是“学科本位”思想的充分体现。但如果体育课程内容标准要基于体育素养来编写,则要求与体育学科本学习段学生身心特征及需要充分结合来进行教学内容的安排及设计。同样,应以体育教学内容特点、学生的素养形成要求等为依据提出针对性的教学建议,这对于学生形成核心素养具有重要意义。

其次,对学生核心素养的培养目标一定要从体育教学目标中体现出来。体育教学内容的安排与组织是由体育教学目标统领和指导的。基于核心素养,体育教学中应将不同学段学生应该形成什么核心素养的具体目标明确提出，并将体育教学内容的特点反映出来，同时尽可能在体育教学中融入其他学科的基本素养，提出时应以体育教学内容及其特点、不同水平段学生核心素养的表现形式与主要内容为具体依据。总之，在体育教学目标中应体现以上的内容。

最后，质量的标准性是学生在学业上具体呈现出来的核心素养。通过质量标准的体现，学生的核心素养应该具有突出的可行性、具体性及可操作性；应该与体育教学和课程目标更加符合；可以在体育教学评价中作为指标运用。学生适应发展性社会以及终身学习的主要素质与能力是其核心素养的主要体现，学生的体育能力是其在体育运动中所表现出来的素养，与质量标准密切联系。

(2)对不同学段的体育教学内容加以明确

对"解释体育教学内容""体育学科知识的科学性和完备性"过分强调是我国传统体育课程中存在的主要问题。"以人为本"的教育思想随着新《课程标准》的实施得到高度重视，随之出现了"培养什么样的人"的重大教育问题，所以对于传统体育教学内容中与学生现实生活相脱离的体育知识和技能，必须进行改革与删除，同时要改革以体育"学科本位"为主的课程内容。

从人的全面发展视角出发，以学生的身心发展规律为依据而提出的学生在结束某一学段学习后应该具备的基本素养与能力是学生核心素养的基本表现，对学生核心素养的培养体现了对"以人为本"思想指导下相关教育问题的重视。美国很重视对学校体育素养问题的探讨，我国专家借鉴此经验，同时与我国体育教育改革的现实情况相结合，提出了学生的体育素养具体包括三个维度，即运动能力、健康行为和体育品德。学生的体育素养在各学习段需达到的水平度，应以三个维度为依据而加以明确，对各水平段学生体育素养的培养必须紧密衔接，进而以体育素养为依据对体育课程内容体系加以构建，确保该体系有明显的衔接性，体现出相互梯次递进，这就是基于"以人为本"对体育教学内容的设计模式，摆脱了传统的以"学科本位"为基准的设计模式。

2. 运动技能教学内容的有效衔接和递进

不同层级之间课程的连续性就是课程的衔接性，如小学与初中、初中与高中之间的课程连续性，将不同学习层级之间的缝隙减少到最小，让学生从一个学习阶梯顺利向另一个学习阶梯过渡，是课程衔接性的主要要求。在这方面应将学生的个性差异和特征重视起来。

目前，不同学段体育教学内容之间基本雷同、没有明显区分的问题在基础教育阶段的体育教学中严重存在。因此，各学段教学内容之间的区别必须在体育教学内容组织中得到重视，使不同学段体育教学内容有明显的难度差异，以此为基础谋求各学段体育教学内容的紧密衔接。在衔接各学段体育教学内容方面，我国学者提出的运动技能金字塔的学习发展模式具有重要的启发作用，该模式指出，动作技能难以达到“金字塔”的高级水平，除非多种基本运动技能都有发展。此外，该模式还提出，获取广泛的技能基础是儿童在童年早期到中期这个过程中应该重视的学习环节，从而为动作技能发展到“金字塔”水平奠定基础。

基础运动技能、专项运动技能是体育运动技能的两大类型，其中基础运动技能与遗传有很大的关系，但也需要经过后天学习才能获得与提高，这是培养专项运动技能的基础。个体在反复练习中将特定运动项目动作熟练而有效地完成的专门性技能就是专项运动技能。体育教学中，运动技能具有准专项化和专项化两个内涵，前者指所有学生都适合学习和锻炼的非竞技专项运动技能，后者指竞技项目专业化技能活动方式。专家在这个分类的基础上对基础教育运动技能课程内容体系结构进行了构建，并指出了义务教育阶段不同年级的运动技能教学要点。

(1)小学 1～4 年级(低年级)应对基础运动技能进行全面教授，对学生的基本运动能力进行培养。

(2)小学 5～6 年级(高年级)对基础运动技能和准专项化运动技能进行传授，以基础运动技能为重点教学内容。

(3)初中阶段对基础运动技能和准专项化运动技能进行教授,并以后者为主。

使学生从基础运动技能过渡到专项运动技能是整个义务教育阶段中体育教学的一个目标,应以运动技能形成规律和学生身心特征为依据对运动技能内容体系进行构建,满足相互衔接、梯次递进的要求,从而保证初中毕业生至少可以掌握两项运动技能。

#### 3. 对体育教学内容更新机制和环境的建立及完善

随着体育课程改革的不断深入,新的课程标准在学校体育教育中已经确立,新的体育教科书也已出版。但是只通过一两次的课程改革难以使课程内容的"常新"得到保障,因此必须加强对促进课程内容更新的相关制度机制的建立与完善,使国家、地方、学校都能明确自己的权利和责任来进行教学内容设计。

(1)国家层面对《课程标准》进行推广与完善,从体育课程目标出发展开对内容标准的顶层设计,突出宏观性、指导性,不具体规定体育教学内容。

(2)在体育教学内容选择和设计方面,地方、学校有一定的自主权,但要以《课程标准》的精神和理念为依据而选择与设计,学校单位要加强对校本化的体育教学内容的设计。

(3)体育教师有权利自主选择适合学生特征与兴趣需求的体育教学内容。

## 二、体育教学内容的组织

### (一)体育教学内容的组织原则

体育教学内容的组织原则如下。

#### 1. 目的性组织原则

教学目标对教学内容的引领作用不仅体现在对教学内容的

组织上，还体现在对教学内容的实施上。目的的引领在体育教学领域主要体现在以下几方面。

第一，教育目的，所有教育活动都是以此为指引而开展的，体育教学活动也不例外。

第二，学校培养目标。不同类型、层次的学校培养目标有一定差异，需仔细分析与区别。

第三，课程目标。体育教师依据课程目标进行对体育教学内容的组织与实施。

教学内容组织的目的性原则要求教师遵循教学目标的要求对课堂教学内容进行组织与实施，根据不同的目标有针对性地组织教学内容，尽可能通过合理组织教学内容而顺利实现相应的教学目标。

例如，在羽毛球技术教学的组织中，要先明确教学目标主要是什么，然后有侧重地组织内容。如果本节羽毛球课的开展目的是使学生将羽毛球技术动作基本掌握，并学会将此运用到实践中，那么在课堂教学内容组织中，应重点讲解羽毛球技术动作要点，示范正确动作，让学生反复练习，强调动作标准与规范，促进正确动作动力定型的形成，从而使学生在反复的练习中达到掌握及运用的目的；而如果本节课是为了让学生已经掌握的羽毛球技术达到更高的水平及运用的熟练度进一步提升，则在教学内容组织中，应多让学生练习，或组织一些实战活动，让学生积极参与其中，在实战或接近实战的条件下不断巩固技术，熟练运用，达到自动化程度。

总之，对体育教学内容的组织要以教学目的的不同而有所变化与调整，变化与调整时，要将所选定的教学内容按难易程度有序实施，前后衔接，比重适宜。

### 2. 关联性组织原则

体育教学内容是有级别之分的，在组织过程中要做好沟通与衔接工作，这就是关联性组织原则。

下面简要分析关联性组织原则下体育教学内容的沟通与衔接问题。

(1)有效沟通

沟通指的是不同类型学校体育课程的联系性,如普通高等院校和高等职业院校。在相互沟通、层次一致的基础上要体现出各自的内容特色。

(2)密切衔接

各级学校的体育教学内容要密切连贯,这就是衔接。具体表现为后一级别的教学内容要在前一级别教学内容的基础上不断拓展和延伸,相邻级别,如高中与初中之间必须做好衔接,避免断层。

#### 3. 弹性化组织原则

体育教学内容的组织除了要统一,还要随意应变,灵活调整,这就是弹性化组织原则。

(1)统一

统一指的是教学思想与理念的统一,不同层次的教学目标最终要有统一的归宿,即终极目标要统一。以此为前提,要根据教学情况的变化机动灵活地调整,提高适应性。

(2)灵活调整

组织地方课程和校本课程的内容时,要注意灵活多变,要在参照国家课程教学指导纲要的基础上,以当地的客观情况及学校的现实条件等为依据进行体育课程教学内容的组织,避免不顾实际的一刀切,因地制宜,突出地方特色和学校特色。

### (二)体育教学内容的组织结构

体育教学内容虽然繁杂,表面看似无序,但其实它们之间都是有一定逻辑关系的,这些逻辑关系构成了一条条的逻辑线,经过并联或串联,则可以清晰明了地认识体育教学内容的整个组织体系。

各级学校的体育教学内容组成了如图 3-12 所示的大结构。

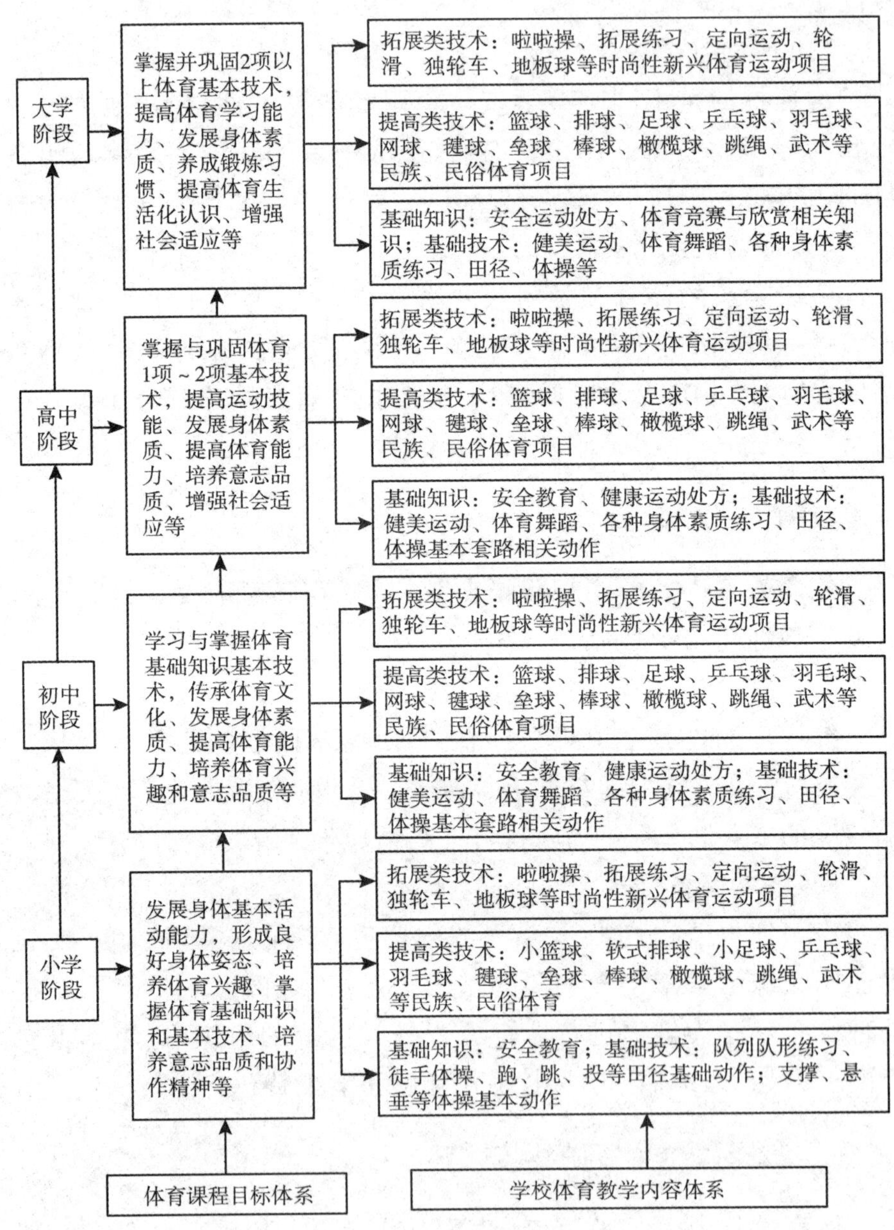


图 3-12

### (三)体育教学内容的组织要点

(1)动作技能的形成具有自身的独特规律,体育教学内容中含有大量的技术内容,对这部分内容的组织必须充分考虑运动技能的形成规律。

(2)体育教学是为学生的健康与发展而服务的,因此对体育教学内容的组织必须充分考虑学生的兴趣、需要、潜力,从而通过合理的内容组织达到促进学生全面发展的目的。

(3)体育教学内容的组织既要保证一定的稳定性,又要注意灵活性,稳定性指的是保留比较成熟的传统内容,灵活指的是突破固定的组织模式,灵活多变。

(4)体育教学具有开放性,这一特征要求开放性地组织体育教学内容,组织的层次和角度要多元,避免过于保守,否则会影响体育教学内容体系的丰富与完善。

## 三、体育教学内容的实施策略

体育教学内容有认知内容、技能内容和活动内容三种类型,这是从教育心理学角度分类的结果。知识内容与技能内容是体育教学中要学习的主要内容,活动内容的组织设计是体育教学设计的主要线索,体育教学的体育态度目标和心理健康发展目标在最后一类内容的组织设计中能够得到实现。基于这一分类,我们可以实施以下几点体育教学内容的实施策略。

(1)做好体育教学计划的整体设计,以体育教学总目标和总要求为主要贯彻点,以认知内容和技能内容作为发展顺序,适当穿插活动内容。

(2)体育教学内容实施中,要合理设计活动内容的组织与练习,这是实施的难点,具体要以促进体育态度目标和心理发展目标的实现为主要依据。

(3)将活动内容融入体育教学中,整体把握活动课内容的设计，灵活处理活动中的问题。

(4)适当延伸教学内容，如在时间与空间上都延伸到课外，开展丰富的课外体育活动，课内外协调配合，经过长期系统的培育，达成体育教学目标。课外体育活动的组织与实施对达成体育教学的情意目标尤为有利。

# 第四节　体育教学内容资源的开发与利用

## 一、体育教学内容资源开发程序与方法

### (一)体育教学内容资源开发程序

开发体育教学内容资源的整个过程包括准备、实施和总结共三个阶段，如图 3-13 所示。

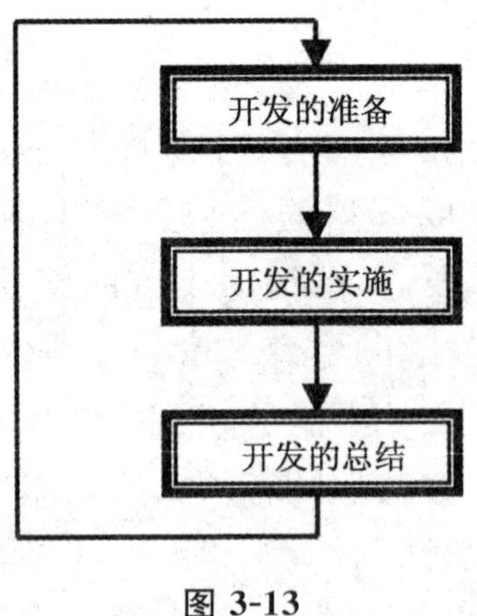


图 3-13

下面分别分析这三个阶段。

1. 准备阶段

准备阶段也是预备阶段，在整个开发过程中，这是不可或缺的首要环节。在这一环节主要是设计开发方案，组织人力资源，

以便开展下一阶段的工作。

在准备阶段所要做的准备工作具体包括组织准备和方案准备，这两个工作分别对应的是“谁来开发”和“开发什么”的问题，此外还要明确“为何开发”，虽然解答这个问题不需要开展实质性的工作，但是必须要有所明确(图 3-14)。

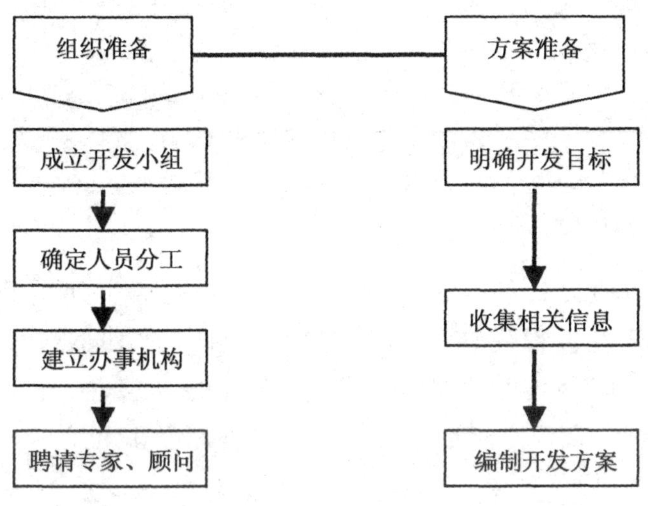


**图 3-14**

组织准备和方案准备中具体要落实的工作见表 3-14。

**表 3-14　准备阶段的主要工作**

<table>
<tr><td></td><td colspan="2">具体工作</td></tr>
<tr><td>组织准备(人员准备)</td><td colspan="2">(1)成立开发小组，明确组员职责<br>(2)设置开发办事机构<br>(3)组建专家组等</td></tr>
<tr><td rowspan="2">方案准备</td><td>(1)明确开发目标</td><td></td></tr>
<tr><td>(2)收集相关信息</td><td>理论信息<br>政策信息<br>人员信息<br>条件信息<br>体育信息</td></tr>
</table>

续表

| | 具体工作 | |
|---|---|---|
| 方案准备 | (3)编制开发方案 | 开发背景<br>开发主题<br>开发目标<br>开发人员<br>开发方法<br>开发步骤<br>开发成果等 |

2. 实施阶段

准备阶段设计的开发方案要在实施阶段落实到实处,这个阶段是整个开发过程的核心与关键,要具体解决如何开发、怎样开发的问题。因为体育课程内容资源本身的丰富性、复杂性、广泛性等,决定了开发实施是不断尝试、改进以及验证的循环往复的过程。

在实施阶段具体可采取以下实施方式。

(1)体育课堂教学。

(2)课外体育活动。

(3)课外作业。

(4)理论研究。

(5)行动研究等。

3. 总结阶段

总结阶段也是结束阶段,主要是回顾和评价前两个阶段的工作,展示成果,发现不足,总结经验教学,以便为下一个开发过程的实施提供经验。总结阶段主要涉及的工作如图 3-15 所示。

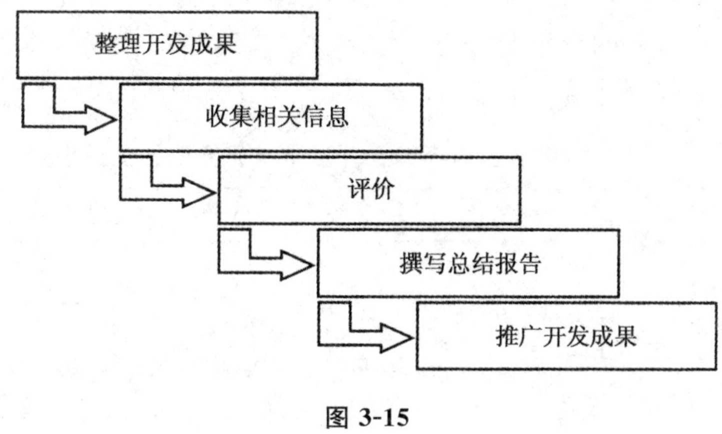


图 3-15

## (二)体育教学内容资源开发方法

体育教师、学生、体育学科专家等都是体育教学内容资源开发的主体,这些主体从不同的视角出发,可以创造出丰富多样的开发方式方法。以体育学科专家这一开发主体来说,其在体育教学内容资源开发实践中所创造与总结的开发方法及其对这些方法的应用频率见表 3-15。

表 3-15　体育学科专家选用的体育教学内容资源开发方法调查①

| 方法 | 经常用 | | 偶尔用 | | 非常少用 | |
|---|---|---|---|---|---|---|
| | n | % | n | % | n | % |
| 筛选 | 27 | 90.0 | 3 | 10.0 | 0 | 0 |
| 改造 | 21 | 70.0 | 9 | 30.0 | 0 | 0 |
| 整合 | 15 | 50.0 | 12 | 40.0 | 3 | 10.0 |
| 总结 | 14 | 46.7 | 14 | 46.7 | 2 | 6.6 |
| 拓展 | 12 | 40.0 | 16 | 53.4 | 2 | 6.6 |
| 发明 | 5 | 16.7 | 21 | 70.0 | 4 | 13.3 |

① 李林.体育课程内容资源开发的理论与实践[M].重庆:西南师范大学出版社,2006.

上表显示,体育学科专家所采用的开发方法中,经常用的方法排在前五位的分别是筛选、改造、整合、总结与拓展。这些方法的概念及应用步骤见表 3-16。

**表 3-16 体育教学内容资源开发中常见方法的使用步骤**

| 方法 | 概念 | 步骤 |
|---|---|---|
| 筛选 | 按照相关标准合理选择体育教学内容就是筛选 | (1)整理内容清单<br>(2)确定选择标准<br>(3)筛选合适的内容 |
| 改造 | 加工或修改体育教学内容资源中的消极因素就是改造 | (1)分析学校条件、学生特点<br>(2)对资源的组成部分进行分析<br>(3)重构与修改不合适的因素 |
| 整合 | 为达到预期开发效果而有机组合体育教学内容资源的单个要素就是整合 | (1)确定整合目的<br>(2)确定整合方式<br>(3)检验与修改 |
| 总结 | 回顾、分析和反思开发经验、成果,从而归纳的开发方法 | (1)反思开发过程<br>(2)形成文字材料 |
| 拓展 | 补充与拓展体育教学内容资源的形式、内容及功能的过程就是拓展 | (1)分析资源性质和特点<br>(2)寻找拓展空间<br>(3)拓展实践尝试<br>(4)整理、实施与总结 |

需要注意的是,在上述整合方法的实施中,资源要素的分析及整合方式的选择非常关键,为便于理解,图 3-16 中列出了篮球与排球运动教学内容资源的整合要素及方式。

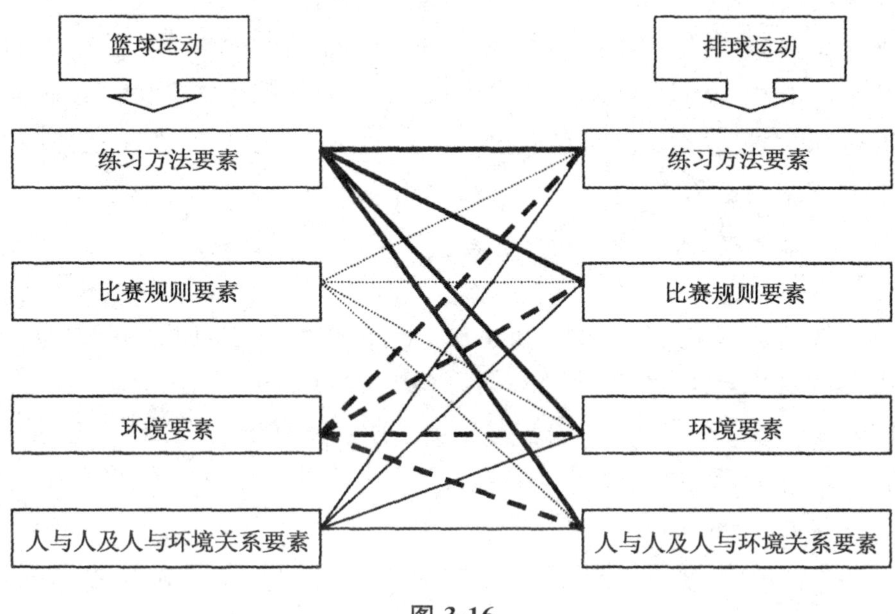


图 3-16

## 二、提高体育教学内容资源开发与利用效率的对策分析

### (一)对丰富的体育运动项目资源进行挖掘

#### 1. 民族民间体育资源的挖掘

以武术为代表的民族传统体育近年来受到我国体育教育工作者的重视,各校纷纷将此纳入学校体育教学计划中,开展民族传统体育教学。民族民间体育资源异常丰富,而且特色鲜明,开发这些资源,将其带进课堂,能够丰富与完善体育教学内容体系,使体育课堂更具活力与生命力。

#### 2. 新兴体育资源的挖掘

学生一般都喜欢流行的东西,传统的体育教学内容虽然对学生体质健康及其他方面的发展有重要意义,但一直实施这些缺乏趣味与时尚的内容，很难使学生长期保持对体育课的兴趣。为了进一步激发学生的体育学习兴趣，应加强对新兴体育项目资源的开发与利用，对于技术动作结构复杂及难度较大的项目，可适当进行简化处理，然后移植到课堂中来，开展本土化教学，以适应学生的需求与接受能力。

### (二)充分开发与利用体育场地设施

体育教学内容能否顺利实施，与学校的教学环境、条件等有直接的关系，学校体育场地、器材等也是非常重要的体育教学内容资源，充分开发与利用这些资源，或对现有的资源条件进行调整与优化，可促进学生学习需求的进一步满足，为体育教学内容的实施提供便利，从而提高教学效率。

在体育场地设施开发中，应坚持经济合理、实用高效的原则，并以纵深开发和多功能利用为主。

### (三)将有价值的体育信息资源充分利用起来

21 世纪是信息时代，信息资源在各个领域都是非常重要且宝贵的财富，体育教学中也要重视对这类内容资源的开发与利用。具体方法是运用相关软件建立体育专题网站、电子公告牌，将丰富多彩的体育信息通过多种途径广泛展示给学生，营造浓郁的校园体育氛围，激发学生参与体育活动的兴趣与积极性。为了达到这一目标，体育教师要拓展自己的教学技能，将现代技术运用到体育课堂中，发挥现代科技及信息技术的作用。

# 第四章 现代体育教学的方法论及其科学设计研究

体育教学内容是体育教学的实施载体，而体育教学方法是体育教学的实施方式，是开展体育教学活动、实现体育教学目标的途径和手段，是体育教学论中一个非常重要的范畴。在体育教学过程中，往往需要将不同功能、不同信息传递途径的教与学的方法相互配合运用，才能完成教学任务、实现教学目标。体育教师对教学方法的创新设计及娴熟运用能够大大提高体育课堂教学效率与效果。可以说，体育教学方法的有效性直接关系到体育教学目标的实现及实现程度，体育教学方法的科学性对体育教学实施的效率和质量有决定性作用。因此，必须重视对现代体育教学方法的科学设计与研究，不断提高教学方法的运用与实施效果，以提高体育教学质量与水平。本章主要从体育教学方法分析、常见体育教学方法及应用、体育教学方法的选择与优化组合以及体育教学方法的实施与创新探索等几方面探讨现代体育教学的方法论及其科学设计。

## 第一节 体育教学方法分析

### 一、体育教学方法的概念

#### （一）广义层面的概念

广义上来讲，体育教学方法指的是体育教学过程中，为达到一定的教学目标，教师指导学生所进行的一系列活动方式、途径和手段的总和。[①]

### (二)狭义层面的概念

狭义上而言,体育教学方法指的是体育教学中教师为使学生循序渐进掌握体育知识与技能,而以明确的教学目标为依据所选择的某种具体方法或手段。

体育教学方法的实施中经常会用到一些具体的教学手段,如教室、黑板、教具、媒体等实体工具。体育教学手段是体育教学方法的一个下位概念,合理运用教学手段可促进教学方法的顺利实施,从而发挥体育教学方法的作用。常见的体育教学手段有两种类型,如图 4-1 所示。

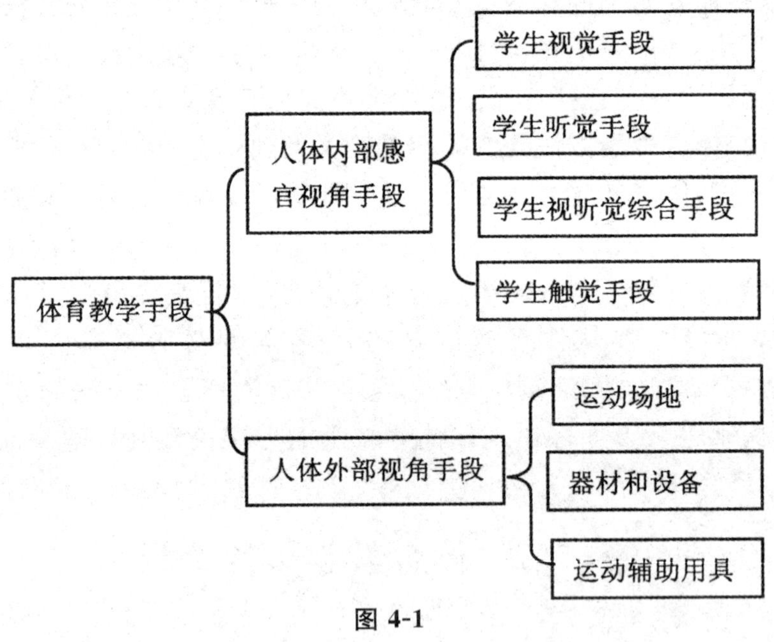


图 4-1

## 二、体育教学方法的分类

体育教学方法有不同的分类方法,下面分析几种常见的分类方法。

① 张振华.体育教学理论与方法[M].北京:北京师范大学出版社,2016.

## (一)传统教学观与新教学观下体育教学方法的结构与分类

### 1. 传统教学观下体育教学方法的结构与分类

体育教学方法的传统分类见表 4-1。

**表 4-1　体育教学方法的传统分类方法**

| 来源 | 分类 | 具体方法 |
| --- | --- | --- |
| 体育学院通用教材《学校体育学》(人民体育出版社,1991 年) | 思想品德培养的方法 | 说服法<br>表扬法<br>榜样法<br>批评法<br>评比法 |
| | 指导法 | 语言法<br>直观法<br>完整与分解法等 |
| | 练习法 | 变换法<br>重复法<br>游戏法<br>循环法等 |
| 金钦昌《学校体育学》(高等教育出版社,1994 年) | 思想品德教育与发展个性的方法 | 说服法<br>表扬法<br>榜样法<br>批评法<br>评比法 |
| | 发展体能的方法 | 负重法<br>间歇法<br>持续法<br>比赛法<br>游戏法<br>综合法 |
| | 传授体育知识与技能的方法 | 语言法<br>直观法<br>矫正法<br>完整与分解法 |

续表

<table>
<tr><th>来源</th><th>分类</th><th>具体方法</th></tr>
<tr><td rowspan="3">《体育科学词典》(高等教育出版社,2000 年)</td><td>学生思想品德培养的方法</td><td>说服法<br>表扬法<br>榜样法<br>批评法<br>评比法</td></tr>
<tr><td>教师指导的方法</td><td>语言法<br>直观法<br>纠正错误法</td></tr>
<tr><td>学生学习的方法<br>(练习法)</td><td>重复法<br>变换法<br>循环法<br>游戏法<br>比赛法<br>综合法<br>念动法<br>放松法等</td></tr>
<tr><td rowspan="3">李祥《学校体育学》(高等教育出版社,2001 年)</td><td>思想品德教育与发展个性的方法</td><td>说服法<br>表扬法<br>榜样法<br>批评法<br>评比法</td></tr>
<tr><td>运动技能教授法</td><td>语言法<br>直观法<br>完整与分解法<br>纠正错误法<br>游戏法<br>竞赛法等</td></tr>
<tr><td>体育与卫生保健知识教授法</td><td>讲授法<br>演示法<br>谈话法<br>讲练法等</td></tr>
</table>

2. 新教学观下体育教学方法的结构与分类

体育教学方法的新分类见表 4-2。

**表 4-2　体育教学方法的新分类方法**

| 分类 | 具体方法 |
| --- | --- |
| 以语言传递为主的方法 | 讲解法<br>反馈法<br>讨论法<br>问答法等 |
| 以直接感知为主的方法 | 演示法<br>示范法<br>反馈法<br>模仿法<br>保护法<br>纠错法等 |
| 以技能练习为主的方法 | 分解法<br>完整法<br>变换法<br>重复法<br>循环法等 |
| 以品德教育与发展个性为主的方法 | 说服法<br>表扬法<br>榜样法<br>批评法<br>评比法等 |
| 以探究性活动为主的方法 | 探究法<br>合作法<br>发现法<br>分组成果展示法<br>个人成果展示法等 |
| 以活动情境为主的方法 | 情景法<br>游戏法<br>比赛法等 |

## (二)当前我国普遍采用的体育教学方法分类

当前,我国中小学采用的体育教学方法有两种分类,见表 4-3 和表 4-4。

**表 4-3　中小学体育教学方法的分类一**

<table>
<tr><th colspan="5">教师的教法</th><th>学生的学法</th></tr>
<tr><td rowspan="4">语言法</td><td>讲解</td><td rowspan="4">防止与纠正错误法</td><td rowspan="2">条件限制法</td><td rowspan="4">自学</td><td>阅读法</td></tr>
<tr><td>口令与指示</td><td>讨论法</td></tr>
<tr><td>口头评定</td><td>自我暗示法</td><td>观察法</td></tr>
<tr><td>默念与自我暗示</td><td>降低难度法</td><td>比较法</td></tr>
<tr><td rowspan="3">直观法</td><td>动作示范法</td><td rowspan="7">身体锻炼法</td><td rowspan="2">负重锻炼法</td><td rowspan="4">自练</td><td>自我锻炼法</td></tr>
<tr><td>教具模型演示</td><td>自我评定法</td></tr>
<tr><td>条件诱导</td><td rowspan="2">持续锻炼法</td><td>自我控制法</td></tr>
<tr><td rowspan="4">练习法</td><td>完整分解</td><td>自我评价法</td></tr>
<tr><td>重复</td><td>间歇锻炼法</td><td rowspan="3">成果展示</td><td>自我调整法</td></tr>
<tr><td>交换游戏</td><td>循环锻炼法</td><td>个人成果展示</td></tr>
<tr><td>比赛法</td><td>综合锻炼法</td><td>分组成果展示</td></tr>
</table>

**表 4-4　中小学体育教学方法的分类二**

<table>
<tr><td rowspan="3">发展个性和品德教育法</td><td>说服法</td></tr>
<tr><td>评比法</td></tr>
<tr><td>奖惩法</td></tr>
<tr><td rowspan="3">锻炼身体的方法</td><td>变换练习法</td></tr>
<tr><td>重复练习法</td></tr>
<tr><td>综合练习法</td></tr>
<tr><td rowspan="3">传授知识方法</td><td>讲授法</td></tr>
<tr><td>谈话法</td></tr>
<tr><td>演示法</td></tr>
</table>

续表

| 掌握动作技能的方法 | 讲解 |
|---|---|
| | 示范 |
| | 练习法 |
| | 纠正错误法 |

## (三)体育学习方法的分类

体育教学方法由两部分组成，分别是体育教法与体育学法，如图 4-2 所示。

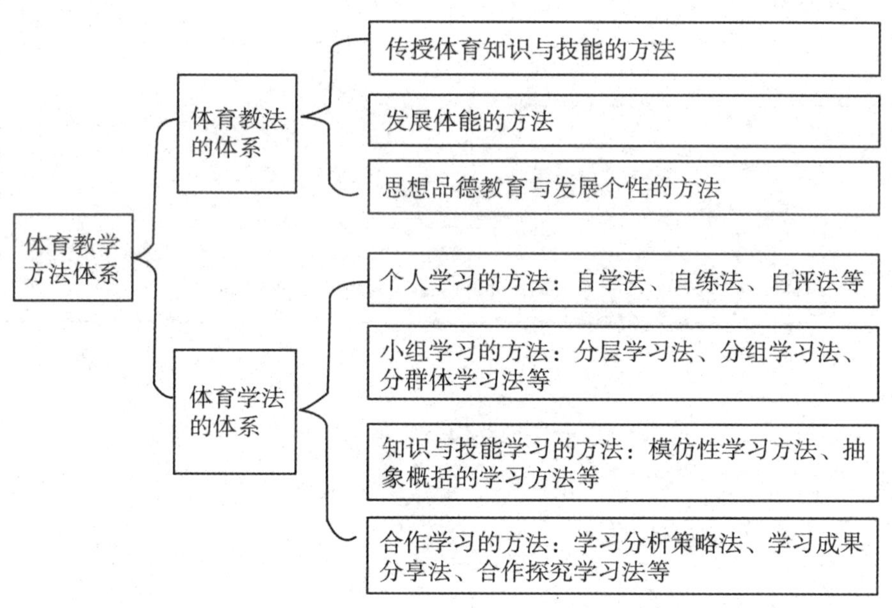


**图 4-2**

在体育教学中，学生完成学习任务的途径或手段就是体育学习方法，常见体育学习方法的分类见表 4-5。

表 4-5 体育学习方法的分类

| 体育学法分类 | 具体方法 |
| --- | --- |
| 自主学习的方法 | 自学法<br>自评法<br>自练法等 |
| 小组学习的方法 | 分群体学习法<br>分层学习法<br>分组学习法等 |
| 知识与技能学习的方法 | 抽象概括学习法<br>模仿性学习法<br>逻辑推理学习法<br>解决问题学习法<br>总结提高学习法等 |
| 合作学习的方法 | 差异学习法<br>学习分析策略法<br>学习成果分享法<br>合作探究学习法<br>同伴合作辅导法等 |

## 三、体育教学方法的结构

体育教学方法的主要构成要素有以下几个。

### (一)目标要素

作为体育教学的基础因素,目标在体育教学方法中是不可或缺的,每个体育教学方法都必须有指向明确的目标,否则就无法构成教学方法,教学方法的设计、选择、应用及实施等都是为了实现明确的教学目标。

### (二)语言要素

语言是体育教学方法的第二大要素,语言的形式有很多,口头语言、肢体语言等在体育教学方法中都比较常见。

（三）动作要素

体育教学方法的动作要素指的是身体练习中的各种动作。身体练习是体育教学区别于其他教学方式的基本特征，其贯穿于整个体育教学中，因此体育教学方法理论应当包含动作要素。

（四）环境要素

体育教学方法的运用离不开体育器材、体育场地，其中练习法又大都在户外环境中实施，与气候、风土等自然现象有密切的联系，这些构成了体育教学方法的环境要素。

## 第二节　常见体育教学方法及应用

### 一、常见体育教学方法与应用

（一）语言教学法

1. 概念

语言法是指在体育教学中，运用各种形式的语言，指导学生学习与掌握学习内容的方法。体育教学中语言教学法的具体运用方式有讲解、口令与指示、口头评价与口头汇报等。

2. 应用

在体育教学中应用不同的语言教学方式，需注意不同的要求，具体见表 4-6。

表 4-6 语言教学法应用的要求

| 语言教学方式 | 应用要求或注意事项 |
| --- | --- |
| 讲解 | (1)讲解目的明确<br>(2)讲解内容正确<br>(3)讲解生动形象<br>(4)讲解时机恰当<br>(5)讲解有启发性 |
| 口令与指示 | (1)声音洪亮、清晰,节奏适宜<br>(2)口令准确、及时、简洁,以正面词为主<br>(3)节奏适宜 |
| 口头评价 | (1)以正面鼓励评价为主<br>(2)否定评价要有分寸<br>(3)提出改进方法 |
| 口头汇报 | (1)做好准备<br>(2)提问内容、时机、方式准确 |
| 默念与自我暗示 | (1)语言准确、简洁<br>(2)有激励效果 |

## (二)直观教学法

### 1. 概念

直观法指在体育教学中教师通过实际的演示或外力帮助,借助学生的视觉、听觉、触觉、肌肉本体感觉器官来直接感知动作的方法。体育教学中常用的直观教学方式有动作示范、直观教具与模型演示、多媒体、定向与领先等。

### 2. 应用

在体育教学实践中应用不同的直观教学方式,要注意不同的要求,见表 4-7。

表 4-7　直观教学法应用的要求

| 直观教学方式 | 应用要求或注意事项 |
|---|---|
| 动作示范 | (1)示范目的明确<br>(2)示范位置合适<br>(3)示范动作正确<br>(4)配合讲解结合 |
| 直观教具与模型演示 | (1)演示目的明确<br>(2)演示方式适宜<br>(3)演示时机恰当<br>(4)配合讲解、示范 |
| 多媒体 | (1)播放内容符合教学目标要求<br>(2)配合讲解、示范、练习 |
| 定向与领先 | 合理设置视觉标志 |

需要注意的是，在教学中使用直观示范的方法时，教师与学生必须保持相对合理的站位，否则学生看不到或看不清示范，示范就变得毫无意义了。以游泳教学为例，教师与学生的几种站位方法如图 4-3 所示。

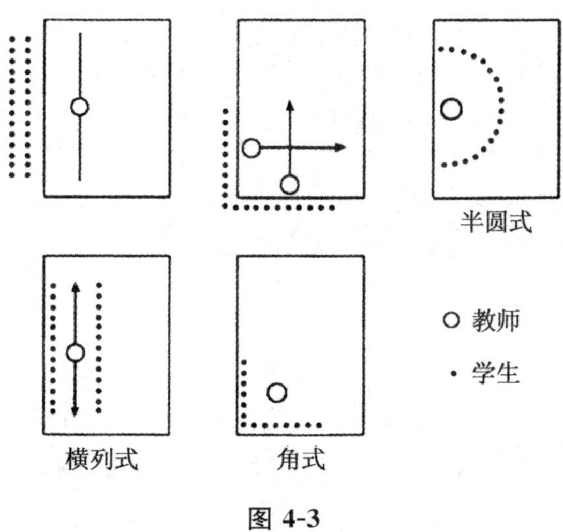


图 4-3

### （三）完整与分解教学法

1. 概念

完整教学法是指从动作开始到结束，不分部分与段落、完整地传授某种动作的教学方法。

分解教学法是将完整的动作技术，合理地分解成几个部分与段落，逐个进行教授，最后完整教授动作技术的教学方法。

2. 应用

在体育教学中应用完整法与分解法的形式及注意事项见表4-8。

**表4-8　完整与分解教学法的应用**

| | 应用形式或注意事项 |
|---|---|
| 完整教学法 | (1)直接运用<br>(2)降低难度<br>(3)改变练习条件<br>(4)强调重点 |
| 分解教学法 | (1)建立完整动作概念<br>(2)根据动作技术特点来分解<br>(3)不破坏完整的动作结构<br>(4)明确各部分的重要性 |

### （四）预防错误与纠正错误教学法

1. 概念

预防与纠正错误法是在动作技能教授过程中，针对学生形成与掌握运动动作中产生的错误动作及其原因，预先在教授中及时采取有效的手段措施，防止出现和及时纠正学生错误动作的方法。

2. 应用

预防与纠正错误法的应用形式有以下几种。

(1)强化概念法。

(2)信号提示法。

(3)降低难度法。

(4)转移法。

(5)外力帮助法。

### (五)游戏教学法

1. 概念

游戏教学法是在规则许可的范围内,充分发挥个人主动性和创造性,完成预定任务的方法。

2. 应用

游戏教学法在体育教学中的应用要点如下。

(1)游戏内容、形式符合目标要求。

(2)明确游戏规则,发挥学生的主动性。

(3)游戏裁判客观、公正。

### (六)竞赛教学法

1. 概念

竞赛教学法是指在比赛的条件下,组织学生进行练习的方法。

2. 应用

竞赛法在体育教学中的应用要求如下。

(1)适时运用。

(2)明确竞赛目的。

(3)合理配对、分组。

## 二、常见体育学习方法与应用

### （一）观察学习法

学习者用视觉对学习对象进行有目的、有计划及深入的观察，以获取相关信息资料的方法就是观察学习法。观察法是基于记忆的原理而形成的，由来已久。相对于抽象的东西，形象的东西更容易被人记住。

在体育学习中，学生通过观察能够从整体上获得对学习对象的深刻印象，神经联系容易在大脑皮层建立，动作技能的表象也因此能够快速形成，这些效果是抽象思维很难达到的，而这也是人们在长期的体育学习中总结的经验。

在体育教学中借助观察学习法，能够使学生对学习内容有更直观的了解与深刻的印象，能够使学生在较短的时间内学到东西，所以应该提倡学生运用该方法。

### （二）模仿学习法

体育教学中，学生要做大量的练习，这就不可避免地会用到模仿学习法，学生在学习运动技能时，采用这一方法可以称得上是走了一条捷径，这一学习法不容易被其他学习方法替代。夸美纽斯曾指出，脱离直观的教学原则，教学就会没有秩序，学习也将呈现混乱状态，因为学生一般都是通过模仿学习来练习动作技能的。

体育技能具有很强的外显性，学习方法以模仿为主，具有直观性，学生通过模仿学习，能够对体育动作的学习过程和要领有更好的理解。所以在体育教学中，能否成功实施模仿性学习方法，关键在于教师如何使学生对动作技能的要领有更好的理解与掌握。在动作技能教学初期，大概讲解动作要领即可，至于那些细节问题，暂时不作要求。在这一阶段，教师先做完整示范，再做分解示范，先按正常速度示范，再放慢速度示范。

在体育学习中，模仿学习法非常常用，但我们不能否定它的局限性、保守性也是很明显的。模仿学习会限制学生认知能力的发展，对学生探求和迁移学习能力的培养与提高会产生不良影响。为了避免这一学习方法的不良影响，可参考以下几方面来安排体育模仿性学习方法。

第一，在动作技能学习中，先讲解大概的动作要领，然后将细节要领指出。在示范过程中，不同练习阶段都有明确的示范要点，不能盲目示范，不然这样的示范是无效的。学生将动作技能初步掌握后，教师详细分析动作技能要点，初学阶段不要作此分析，否则难以发挥模仿学习法的积极作用。

第二，在整体讲解、示范与分解讲解、示范的结合中，对动作结构、动作难度予以充分的考虑。从结构、难度出发决定采用哪种讲解或示范方法，同时要配合多种辅导性或诱导性的练习方法。

### （三）逻辑推理学习法

在体育学习中，学生要形成良好的抽象概括习惯，善于“去粗存精”，这就需要用到逻辑推理学习法。学生在体育学习中运用该方法，能够更好地将动作技能的关键特征牢牢把握住，促使主观能动性的逻辑体系在大脑中迅速建立，从而将正确的学习步骤确定下来，提高自学能力。学生在学习中能够将已知和未知的差异或矛盾及时发现，主要得益于该方法。

为了提高逻辑推理学习法的运用效果，可在教学中注意以下两点。

第一，心理学研究指出，两个运动技能的动作要素，其刺激方式及应答动作越相似，就能够引起越多的正向迁移。为此，要引导学生将学习体验充分利用起来，概括与总结新运动技能的学习，从而提高学生逻辑推理的积极性。

第二，同化学习理论指出，学习前对技能要领的理解和领会可促进有效学习的发生。为此，课前提供“先行者学习材料”（符合教学目标），可促进学习者产生“意义学习”。

### (四)总结领会学习法

方法论中,元认知活动的最高水平就主要表现为总结领会学习。在体育学习中运用该学习方法,大体途径有以下两种。

第一,运用总结领会学习法,可促使初步理解的体育知识和技能不断扩大加深,使技能越来越纯熟,知识越来越结构化。

第二,运用总结领会学习法,可总结某段学习阶段取得的经验,思考今后如何继续学习。

总结领会学习法在一定程度上能够促进学生“正确”思维的形成,促进学生从低级思维到高级思维的过渡与转化。

具体而言,教师可以从以下几方面来指导学生对这一学习方法的运用。

(1)指导学生养成良好的学习心理状态。

(2)指导学生有效记忆的方法。

(3)指导学生特殊的学习方法。

(4)指导学生做笔记总结。

在体育教学中,不管是教师采用教学方法,还是学生采用学习方法,都不可能单独只用一种教与学的方法,灵活选用学习方法与教学方法,并注意二者的相互配合,可取得良好的学习效果,因此可参考表 4-9 来进行体育学习法的教学设计。

**表 4-9　体育学习方法的教学设计**

| 方法/活动 | 集体学习 | 小组学习 | 个人学习 |
|---|---|---|---|
| 教学方式 | 发现式教学+能力式教学<br>接受式教学+活动式教学 | 统一学习法+合作学习法<br>统一指导法+多元指导法 | 统一作业教学+个别化作业<br>统一任务学习+学习策略 |
| 学习活动 | 统一进度学习+分层学习 | 教为中心+学为中心 | 集体练习+个性练习<br>统一技能练习+差异练习辅导 |

# 第三节　体育教学方法的选择与优化组合

## 一、体育教学方法的选择

### (一)体育教学方法可供选择的体系

有学者结合教育学中有关教学方法的原理,根据现代体育教学改革的特点与变化特征,并依据体育与健康课程标准目标,认为体育教学方法体系应包括图 4-4 所示的几个方面。

由图 4-4 可知,体育教学中有很多教学方法可供选择,教学目标不同,课次不同,可选用的方法也有一定的差异。

### (二)选择体育教学方法的基本要求

体育教师在思考选择采用什么样的方法来实施体育教学时,需要考虑体育教学方法是否符合以下要求。

(1)体育教学方法要与教学规律、教学原则相符。

(2)体育教学方法要与教学目标相符。

(3)体育教学方法要与所教内容的特点相符。

(4)体育教学方法要与学生学习条件的可能性相符。

(5)体育教学方法要与学校教学条件的可能性相符。

(6)体育教学方法要与实现教学效果最优化的可能性相符。

(7)体育教学方法要与体育教师自身条件的可能性相符。

### (三)体育教学方法选择的过程

#### 1. 了解

了解指的是教师应对要选择的体育教学方法的详细了解,这是选择的首要环节。在这一步中，体育知识传授的方法、动作技能形成的方法、锻炼学生体能的方法、培养学生个性与思想品德的方法等都是需要了解的对象。具体了解的范畴包括这些方法的特点、适用范围、优缺点、实施步骤等。

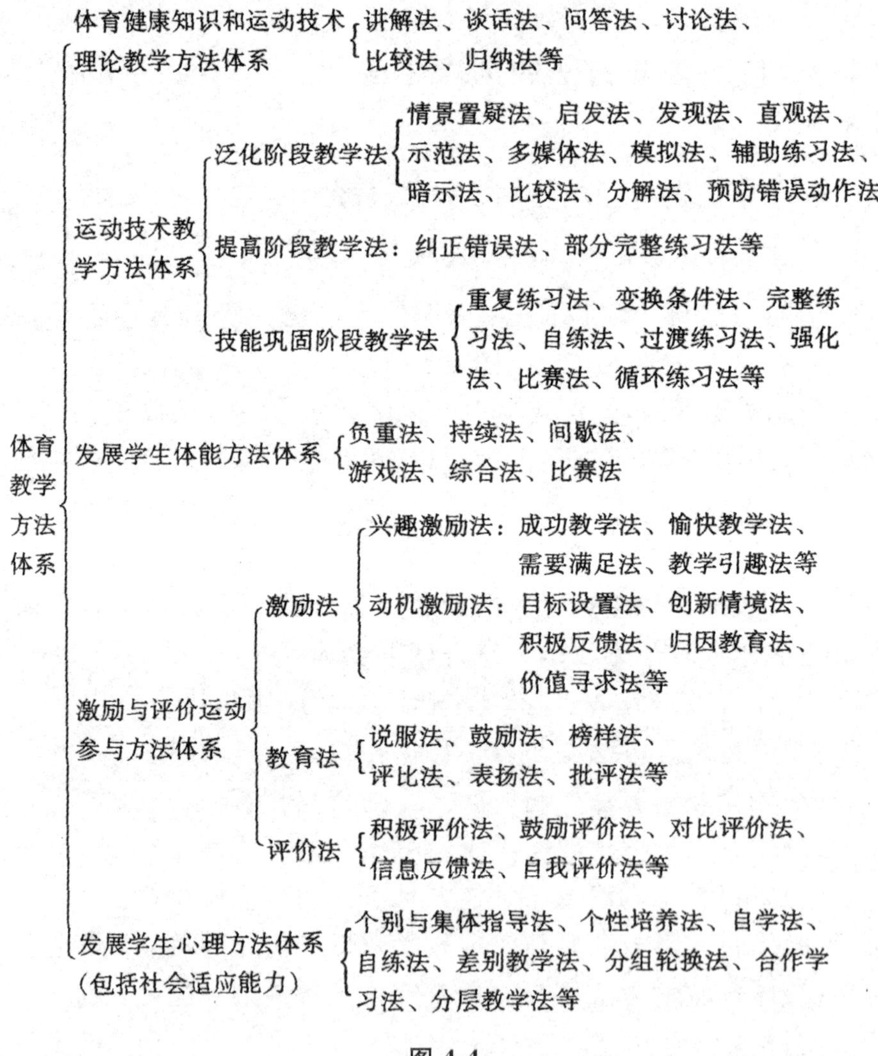


图 4-4

2. 分析

所有体育教学方法都有自己的特征，而且与其他教学方法相比，也有一定的优势及相对的不足，没有哪一种方法是完全没有缺陷的，也没有哪一种方法是在任何教学内容的实施中都适用且可以发挥重要作用的，也就是说万能的教学方法是不存在的。这就要求体育教师全面分析各种方法，结合教学目标、环境、条件、需求、内容等要素做出合理的，与现实条件、实际需求相符的选择。

3. 比较

在某项内容的教学中，能够达到教学目标的教学方法绝对不止一种，但具体要采用哪种方法来实施教学，就需要体育教师对比这些备选对象了。经过对比之后，选择标准是能否最省事高效地达到教学目标，即那些可以取得事半功倍效果的方法是最理想的方法。

4. 选择

经过了解、分析及比较后，选择最理想的一种教学方法，或将认为合适的几种方法组合起来运用。

### （四）影响体育教学方法选用效果的因素

体育教学中，所选的体育教学方法是否起了作用，与教学环境、教学主体等都有很大的关系。因为体育教学是师生在一定环境下互动协调的过程，所以环境、师生成了影响体育教学方法选用效果的主要因素，具体分析如下。

1. 环境因素

环境因素主要包括场地环境、物质条件、体育教学技术水平等，为了便于理解环境因素对体育教学方法选用效果的影响，下面分析同一种教学方法在不同环境下实施产生的效果。

第一，如果选择使用直观示范法来开展教学，那么在体育馆内进行教学的效果要比户外上课要好，因为户外环境有很多因素都会对学生的注意力造成干扰。

第二，器材因素，如在跳高教学中，若采用同一种练习方法，那么用海绵块的防护效果比沙坑好，学生的安全更有保障。

以上分析告诉我们，要注意体育教学方法与环境条件的协调培养，这样才能避免不良环境因素对体育教学方法实施造成不良影响。

2. 教师因素

体育教学方法是由体育教师设计与付诸实施的，教师的个人素养、专项教学技能及综合素质直接影响其对体育教学方法的实施效果，体育教学方法的特征、优势、劣势等本身是相对固定的不变的，但体育教师能否赋予这些方法特殊的意义，直接影响这些方法运用的实效性。因此，从体育教师方面来说，提高其教学素养及业务能力，对提高体育教学方法的运用效果具有重要意义。

3. 学生因素

体育教学方法是否发挥了作用，是否取得了良好的运用效果，主要是从学生的进步与发展上体现出来的。因此，学生因素对体育教学方法选用效果的影响也很明显。

在体育教学中，教学效果的好坏与教师、学生这两个教学主体有必然的联系，但因为教学效果主要反映在学生身上，所以从这一点看学生起着根本的作用，教学素养与业务能力再高的老师，即使选择了最好的教学方法，如果学生提不起兴趣，没有学习的那股劲儿，不发挥自己的主观能动性，那么教学效果也就达不到预期。

因此，从学生方面培养其学习兴趣，提高其学习积极性，鼓励其发挥主观能动性，引导其积极思考与发言等，是提高体育教学方法运用效果的重要路径。

## 二、体育教学方法的优化组合

### （一）体育教学方法优化组合的含义

从巴班斯基的教学观点来看，教师选择在规定时间内及现有条件下能够取得最佳教学效果的教学方法就是体育教学方法的优选。需要注意的是，教师在综合考虑各方面要求、要素的基础上将最合适的教学方法选出来后，要进行组合搭配，协调各个方法之间的关系，如果不注意这一点，即使经过优选，在复杂多变的体育教学过程中运用这些方法依然会遇到种种弊端，具体表现在逻辑性、顺序性、合理性、高效性等方面。体育教师要避免孤立地运用某一种教学方法，或者在教学过程中随机挑选某种教学方法来付诸实施，而是要组合利用体育教学方法，形成优势互补。

还需要注意的一点是，不能简单地堆砌教学方法，并把这种堆砌与相加错认为是体育教学方法的组合，教学方法组合的真正含义是使各具优劣势的教学方法形成互补性，相互补充，相互影响，相互渗透，从而达到相互促进和效果最优化的作用。

### （二）体育教学方法优化组合的原则

体育教师不能靠自己的直觉甚至想象来盲目地优化组合教学方法，这样不仅不会达到更好的效果，甚至也无法达到单纯使用某一种教学方法带来的效果。

为了提高优化组合的实效，需要坚持以下几项基本原则。

#### 1. 最优性原则

在体育教学中，为了更好地完成教学任务，需要将多个教学方法经过优化组合再付诸实施，经过优化组合后的教学方法不能再称为一种或几种教学方法，而应称为一套或几套教学方法，每套教学方法和每种教学方法一样都各有所长，各有所短。体育教学方法本身是具有多样性、互补性及两重性的，所以组合后形成的多套教学方法同样如此。此时，体育教师必须从具体实际情况出发，经过分析、筛选、权衡等环节，最终选择一套最合适的方法。体育教学方法优化组合的最优性原则就体现在“多中选优”中。

#### 2. 灵活性原则

体育教学方法本身具有互补性，不同教学方法的联系性及相关性为其相互替补提供了可能，再加上体育教学本身的多变性特征，最终决定要坚持灵活性原则来进行体育教学方法的优化组合。

从本质上来看，体育教学过程是动态变化的过程，教学过程中涉及的多个内外因素都有非常密切的关系，而且教学方法这个要素只是一个变量，教师必须根据实际教学情况随机应变，这就要求体育教师在教学方法的优化组合中，对客观存在的多种变量综合考虑，将体育教学方法灵活运用到实践中。

#### 3. 综合性原则

在体育教学方法的优化组合中，对各种体育教学方法的作用与联系要全面、整体、辩证地看待，这是教学方法综合性原则的基本要求。具体而言，教师要强调教学方法与学习方法的有机统一，用教学方法促进学习方法的形成与统一，以学习方法推动教学方法的发展，必须协调好教法与学法的关系，使学生与教师真正实现双向交流、互动，使教学活动真正成为双边活动，这样才能收到预期的教学效果。坚持综合性原则能够使教学方法的教育、熏陶、感染、发展等多元功能在教学实践中得到最大限度的发挥。

#### 4. 创造性原则

在体育教学中，教师要改造、组合、创新已有的教学方法，从而在教学过程中能够面对复杂的教学环境而随机应变，使教学方法的最大功能得到发挥，此外教师还要发挥自己的聪明才智，发扬教学技巧，采取有效的途径争取达到体育教学方法的再创造。这些都是体育教学方法优化组合中创造性原则的基本要求与体现。

为了达到上述目的，可采取的途径有发挥教师的个性，调整教学方法的要素，从顺序、时机等方面组合教学方法，形成形式多样的新的教学方法等。

### （三）体育教学方法优化组合的模式

不同的体育教学方法都有各自的优势，会产生不同的运用效果，在体育教学中要依据体育教学目标对各种方法进行优化运用，优化模式参考图 4-5。

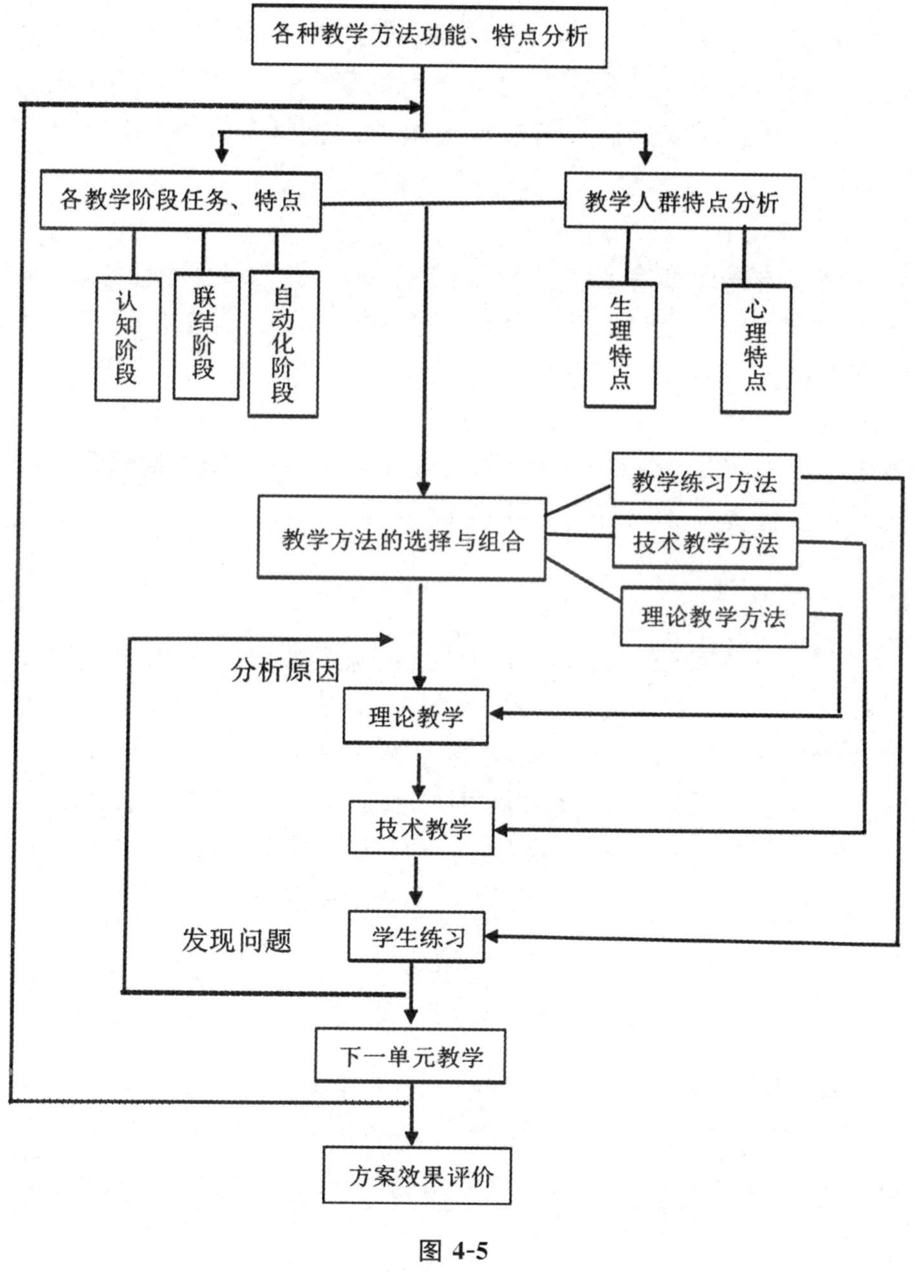


图 4-5

### (四)体育教学方法优化组合的程序

巴班斯基指出:"选择一整套教学方法总的决策还得再分为一系列步骤,这些步骤乃是关于选择各个个别方法的中间决定。"[①]借鉴巴班斯基的观点,结合体育教学的具体情况,可以从以下几个步骤着手来开展体育教学方法的优化组合工作。

#### 1. 明确教学任务

每节体育课都有明确的教学任务,体育教师要分析整体教学任务,整理、排列经过细化的教学任务,并综合制定各方面的详细任务,包括知识技能教学任务、学生个性及创新能力培养任务、学生思想品德教育任务等。教师必须意识到,体育教学的任务不仅是让学生掌握运动知识与技能,掌握练习方法与运动能力,还有其他教学任务与学习任务需要完成。

#### 2. 提出设想

在每节体育课正式开始之前,教师都要提出本节课要用到哪些教学方法,每个方法各占多长时间,考虑这些主要是以本节课的教学任务、教材内容、学生情况等为依据的。之后分析这些教学方法对学生的适应性及其在不同教学阶段完成不同教学任务可能达到的效果。教师在课堂上要以启发式教学为指导思想选择具体的教学方法,这主要是为了更好地对学生的个性及创造性进行培养。

#### 3. 优化组合教学方法

优化组合教学方法具体分以下三步完成。

(1)体育教师先将最佳教学方法的选择工作表做好(一张即可),表中的内容主要是本节课可用的体育教学方法、每个方法的

---

① 张建龙,王炜.体育教学方法优化组合的依据、原则与程序[J].新西部(下半月),2009(05).

使用方式和技巧等。

(2)综合比较、仔细推敲表中的体育教学方法，去粗取精，然后调整方法的顺序及配合方式，并作最后确定。

(3)在体育教学实践中加以应用。

4. 实施和评价教学方法

将体育教学方法应用到实践中，要注意观察这些方法与学生的适应关系，课后及时评价教学方法在本节课的应用情况，总结经验与教训，分析成败原因，从而为下一次教学提供参考。

## 第四节　体育教学方法的实施与创新探索

### 一、体育教学方法的实施现状与建议

为了了解体育教学方法的实施情况，有关学者调查了全国 50 余所学校，发放了教师问卷和学生问卷，最后分别收到 194 份有效教师问卷和 938 份有效学生问卷。下面具体分析问卷调查的结果，并提出促进体育教学方法实施的建议。

#### (一)体育教学方法的实施现状调查

1. 体育教师选择体育教学方法的依据

体育教师会从很多方面出发来选择教学方法，不同教师选择教学方法的依据不同，同一教师在不同教学阶段考虑的问题也不同。常见的选择依据有教师本身的教学能力、学生的基础、本校教学条件等，如图 4-6 所示。

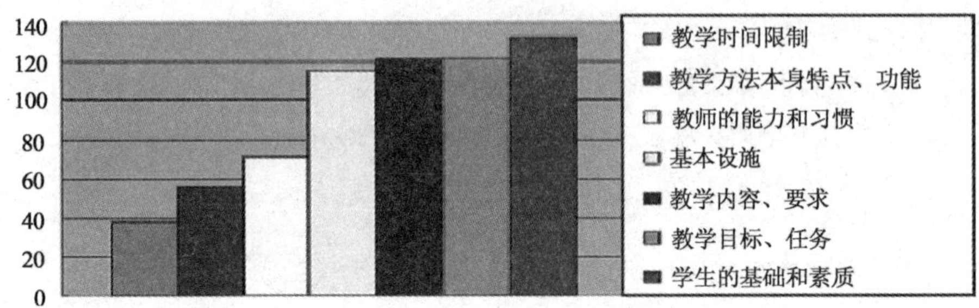


图 4-6[①]

上图调查结果显示，选择体育教学方法时，首先考虑学生基础与素质的教师有 132 名，主要考虑教学目标与任务的教师有 122 名，其余因素中，由多到少依次为教学内容和教学要求、学校教学条件、教师自身教学技能、教学方法的特征、教学时间。一线体育教师往往从学生出发来选择体育教学方法，并高度关注教学方法的可操作性，这些教师认识到了学生的主体地位，他们所选的教学方法往往有利于学生主观能动性的发挥。

2. 体育教师使用的教学方法

体育教学方法有很多，讲解法、示范法、完整法等是常用、常规的教学方法，相对来说，探究法、念动法等是不常用的、比较新式的教学方法，这些方法在教学实践中的使用频率有明显差异。表 4-6 所示的是体育教师在教学中用得较多的体育教学方法的使用频率。

表 4-10　体育教师使用的教学方法的频率统计[②]

| | 一直用 | | 常用 | | 偶尔用 | | 很少用 | | 从未用过 | |
|---|---|---|---|---|---|---|---|---|---|---|
| | 人数 | 比例（%） | 人数 | 比例（%） | 人数 | 比例（%） | 人数 | 比例（%） | 人数 | 比例（%） |
| 讲解法与示范法 | 112 | 57.7 | 76 | 39.2 | 6 | 3.1 | 0 | 0 | 0 | 0 |
| 完整法与分解法 | 72 | 37.1 | 92 | 47.4 | 26 | 13.4 | 4 | 2.1 | 0 | 0 |

① 霍军. 体育教学方法实施及创新研究[J]. 北京体育大学学报，2013(01).

② 同上.

续表

| | 一直用 | | 常用 | | 偶尔用 | | 很少用 | | 从未用过 | |
|---|---|---|---|---|---|---|---|---|---|---|
| | 人数 | 比例（%） | 人数 | 比例（%） | 人数 | 比例（%） | 人数 | 比例（%） | 人数 | 比例（%） |
| 纠正法与帮助法 | 75 | 38.7 | 93 | 47.9 | 22 | 11.3 | 4 | 2.1 | 0 | 0 |
| 游戏法与比赛法 | 50 | 25.8 | 96 | 49.5 | 42 | 21.6 | 6 | 3.1 | 0 | 0 |
| 自主法与合作法 | 26 | 13.4 | 86 | 44.3 | 63 | 32.5 | 18 | 9.3 | 1 | 0.5 |
| 情景法 | 23 | 11.9 | 59 | 30.4 | 74 | 38.1 | 33 | 17.0 | 5 | 2.6 |
| 念动法与暗示法 | 25 | 12.9 | 40 | 20.6 | 85 | 43.8 | 32 | 16.5 | 12 | 6.2 |
| 问题探究法 | 24 | 12.4 | 66 | 34.0 | 70 | 36.1 | 27 | 13.9 | 7 | 3.6 |
| 启发教学法 | 34 | 17.5 | 93 | 47.9 | 51 | 26.3 | 14 | 7.2 | 2 | 1.0 |
| 小群体法 | 21 | 10.8 | 80 | 41.2 | 63 | 32.5 | 22 | 11.3 | 8 | 4.1 |

总的来看，常规教学方法使用频率高，新式教学方法使用频率较低，新教学方法一般都是偶尔用，很少用，不是一直用、经常用。这充分说明了传统的、常规的教学方法在教学实践中已经得到了完全的认可，而且教师也已形成习惯，先进教学方法运用相对不足。

体育教学中出现的新式教学方法中，很多都借鉴于教育学理论，这些方法有利于提高教学效率，但对体育教师提出了更高的要求，学科知识广泛、教育理念先进的体育教师才能正确使用这些方法，而这又是体育教师普遍欠缺的。那些锻炼身体素质、提高运动技能的教学方法，体育教师早已烂熟于心，但那些激发学生情感与态度、增强学生凝聚力、培养学生个性与创造力的教学方法，教师用起来还很生疏，甚至完全不用。

### 3. 体育教学方法实施的反思

体育教学方法的改善、教学艺术的提高、教学质量的优化等都需要教师深刻反思。体育教师对教学方法反思的方式有很多种，教师选择反思方式的不同与其教学习惯、性格特征有很大的关系，常见的反思方式及运用频率见表 4-11。

**表 4-11 体育教师对教学方法进行反思的常见方式**①

| 反思方式 | 人数 | 比例 |
| --- | --- | --- |
| 写笔记、总结 | 58 | 29.9% |
| 大脑中反思 | 50 | 25.8% |
| 将自己与其他教师作比较，查找并分析原因 | 23 | 11.9% |
| 观摩、分析比较 | 19 | 9.8% |
| 与其他教师及教学对象交流，不断改善教学方法 | 17 | 8.8% |
| 积极参与教研活动，小组合作 | 10 | 5.2% |
| 进行课题研究 | 9 | 4.6% |
| 写自传，及时反馈 | 8 | 4.1% |
| 总计 | 194 | 100% |

表 4-11 调查结果显示，用记笔记的方式来反思自己教学的教师有 30%左右，只是想一想的教师有 25.8%，采用其他反思方式的教师在 10%左右或低于 10%，而通过写自传进行反思的体育教师不到 5%。虽然很多体育教师都意识到观摩优秀教师上课对自己教学水平的提高与改善很有用，但只有少数教师会用心观摩、虚心求教，而且与同事交流、与学生交流的教师也不多，参与课题研究、写自传的教师更是寥寥无几。教师在长期的教学实践中积累了丰富的教法经验，而且在以后的教学中他们基本都依赖于经验，很少进行自我总结、自我反思，也很少参与科研，这就导致体育教师的教学方法陈旧、单一，不具备时代性与前沿性。

### (二)体育教学方法实施的影响因素

影响体育教学方法实施效果的因素非常多，如教师的教学观念、业务能力、知识素养等主观因素，教学目标、教学条件、教学环境等客观因素，不同因素的影响程度不同，如图 4-7 所示。

① 霍军.体育教学方法实施及创新研究[J].北京体育大学学报，2013(01).

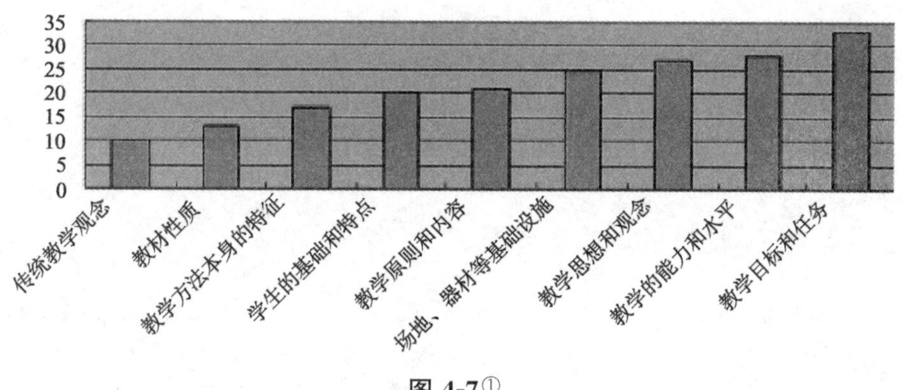


**图 4-7**①

图 4-7 显示，30％多的教师认为影响体育教学方法实施效果最主要的因素是体育教学目标与任务；认为教师教学能力、教师教学观念、教学设施对体育教学方法实施效果有重要影响的教师均有 20％多，选择其余因素的教师在 20％左右或以下，从上图来看，传统教学观念对体育教学方法实施效果的影响最小。

虽然认识到教学目标、任务及自身教学能力会在很大程度上影响体育教学方法实施效果的教师有很多，但真正从这些方面出发去落实的却很少。

### （三）体育教学方法实施中存在的主要问题

调查发现，体育教学方法实施中，存在以下几个明显的问题。

第一，教学方法单一、老套，导致体育课堂气氛不够活跃。

第二，授课内容枯燥，组织形式单调，没有明显的因材施教。

第三，教师与学生缺乏交流，不够关注学生的心理感受和体验。

第四，对投影仪、幻灯片、多媒体计算机等现代教学技术手段的使用较少，影响了学生学习的兴趣与课堂教学效率。

---

① 霍军．体育教学方法实施及创新研究[J]．北京体育大学学报，2013(01)．

## (四)体育教学方法实施的改进建议

针对如何改进体育教学方法实施的问题,体育教师与学生都提出了自己的建议,总结归纳如下。

### 1. 体育教师提出的改进建议

体育教师建议从以下几个方面考虑改进体育教学方法的实施。

(1)从兴趣入手,调动学生学习的自觉积极性,采用灵活多样的教学组织形式,促进学生特长的发挥,使学生在课堂上的体验更丰富、深刻。

(2)提高体育教师的素养,加强对体育教师的教学能力培训,使教师能够不断总结和反思教学方法。

(3)从学校教学环境和现实条件出发实施教学方法,将教学方法的实施与教学目标的实现密切结合起来。

(4)多创编与设计一些适合学生的练习手段,要恰到好处地设计教学方法。

(5)理论联系实际,弱化应试教育,强化素质教育等。

### 2. 学生提出的改进建议

学生基于不同的出发点,提出了一些改善体育教学方法实施的建议,归纳如下。

(1)学生建议教师多创造宽松的课堂环境,营造活跃、轻松的课堂氛围,以激发学习兴趣。

(2)学生希望教师能多与他们交流与互动,多鼓励学生,多用正面教育,突出因材施教。

(3)学生希望学校能够对教学设施设备进行改善,适当给学生提供较多的自由练习时间。

(4)学生希望教师能够采用比较多的教法,不要太单一,学生更喜欢学习一些实用技能。

(5)学生希望教师组织课堂教学时采用一些比较新的方式，多创一些轻松的游戏，调动情绪。

## 二、现代体育教学方法的改革创新路径

### (一)从整体着眼，对体育教学方法合理编排

在体育教学中，教师必须采用一系列方法来使学生学习教材内容，从而达成教学目的。体育教学活动中，教学方法是必备要素，教师在教学中所使用的教学组织形式、教学手段及教学艺术等都属于教学方法的范畴。这些方法有些是具体的，有些是抽象的，有些是显见的，而有些是隐性的。

体育课程内容直接决定了要采用什么样的教学方法，教学方法作用于学生，达到一定的教学目的或教学效果，这反映了教学方法的运用效果。教师和学生是连接教学方法的两端。

图 4-8 直观体现了体育教学方法与效果的关系。

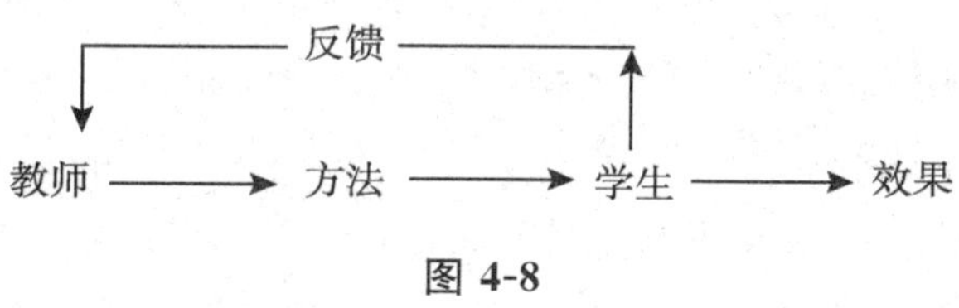


图 4-8

我们评价体育教学效果，主要是看学生是否掌握了知识，学会了技能，取得了进步与发展或达到了学习目标，而方法要产生效果，就必须作用于学生。教师与学生这两个教学主体连接着方法的两端。除了体育教师的教学能力、教学方法的执行情况会影响体育教学效果外，学生的内化、吸收、创新也是主要影响因素。所以说，体育教学方法实施效果，主要由教学主体(教师与学生)决定，只有教师与学生协调配合好，才会取得良好的实施效果。

教师与学生分布在教学方法的两端，教学方法的选择与运用、改革与创新直接受教师教学能力、教学艺术、创新能力等的影

响，教学方法的实施效果同时也受学生身体基础、技能掌握规律、技能接受水平的影响。所以，教师除了要提升自身教学素养与业务能力外，对学生的接受水平、学习规律也要给予高度关注，争取做到“教学相长”，促进教学方法实施效果的优化提高。

### （二）关注学生未来发展，对体育教学方法进行统整与筛选

学生时期接受的体育教育不仅对学生当时的发展有重要影响，而且对学生未来步入社会后的发展也有很大的影响，可见体育课对学生未来发展起着至关重要的作用。人的性格、人格、价值观等很多都是在中小学教育阶段所形成的。体育学科很特殊，体育教育对学生影响非常大，包括对身心健康的影响，对价值观、人生观的影响。

体育教学方法丰富多样，但体育教师运用教学方法一般都是为了解决当前的问题，实现眼前的目标，而很少考虑学生未来的发展，也不会从这一点出发选用教学方法。这是未来体育教学方法创新中需要改革的一点。

对体育教学方法的统整筛选要以有利于学生未来发展为主，因此要多选用自主学习法、合作性教学法、探究性教学法等由多种手段组合而成的新式教学方法，加强这些方法的运用能够促进学生未来发展。但也不能太随意、太刻意及过度实用这些教学法。体育教学目标的实现离不开教学方法的途径，但教学方法的途径又是丰富多样的，统整并筛选教学方法就是为了用最省力、最直接的方法来快速实现目标。如果不对繁多的教学方法进行精心筛选，就要绕很大的弯路才能实现目标。

### （三）从教学效果出发，对体育教学方法进行优化组合

在体育课堂教学中，教学程序都是完整的，整个教学过程中的教学环节是高度衔接的，各个环节又具有相对的独立性。在体育教学的整个过程中，体育教学方法虽然只是一个构成因素，但在达成教学目标、完成教学任务方面，教学方法无疑是最直接的

途径。体育教学方法要素与其他要素相互协调，才能取得良好的教学效果，这体现了教学过程与教学结果的关联。

在现有条件下为了达到最好的教学效果，需要对教学过程中的关键要素——体育教学方法进行合理选择与优化组合，在系统论的指导下，将教学过程看成一个典型的“动态系统”，在具体教学环境中融入目标—方法效果。所以具体实施体育教学方法时，对教学目标的实现、任务的完成及所取得的效果都要进行考虑，同时要强调学生学习的吸收与内化，为调动学生主观能动性而创建良好的教学环境。优化组合教学方法，可提高方法运用的“合力”效果，所以只有拓宽视野、全盘考虑，才能设计好教学方法。

对体育教学方法进行优化组合，能够省时高效地达成预期目标，能够使各个方法的积极作用发挥到极致，并取得单个教学方法难以企及的功效。对教学方法的组合是创新的一种途径，如讲解教学法和示范教学法的结合、分解教学法和完整教学法的结合、游戏教学法与比赛教学法的结合等多种结合形式。

加强体育教学方法创新，还要注意对具体实施工具、手段的加工与改造，适当改造传统的教学手段，如用图片或录像展示典型动作使学生模仿等，不仅不会影响目标的实现，反而能够更好地激发学生的兴趣与积极性，同时能够培养学生发现问题，解决问题的能力，这其中所起到的启发作用是教学方法改造之前所欠缺的。

### （四）立足实际情况，对体育教学方法进行扩展与改进

在体育教学中，如何将丰富多彩的体育教学方法运用好，发挥它们的作用，是每个体育教师都必须考虑的重要问题。实践证明，体育教学方法的运用效果与学校实际的教学条件密切相关，如场地器材的配备、课程实施的条件等，因此在教学方法的选用中必须考虑这一因素。

每个学校因为所处地理环境、区域经济条件等不一，所以无法配备完全相同的设备条件，而且并不是体育教学所需就一定能

够在现有的条件下得到满足。如果条件不允许，就要及时改进与扩张体育教学方法，使其与现有环境条件更相符。改进与扩展体育教学方法真正是为了满足体育课的需要，促进学生的健康成长和创新能力的提高。

对体育教学方法的扩展，主要表现为使教学方法的功能、应用范围不断扩大，这在教学组织形式方面有集中的反映。以教学分组为例来看，传统教学按学生人数分组，随着教学的改革，越来越多的教学组织形式被体育教师创造出来，教学组织形式得到了扩展，出现了按兴趣分组、按性格分组、按基础水平分组、按伙伴关系分组等多种分组方法。对体育教学方法进行改进，就是改革原有方法中不足的地方，使原来的教学方法更加完善，或在原来的基础上创造新的教学方法。在体育教学实践中，教师经常运用改进法来加工改编组织形式，改良教学工具和手段等。

## 三、几种新型体育教学法

在体育教学方法的改革创新中，出现了以下几种形式教学方法。

### （一）“娱乐”教学法

在增强青少年体质方面，体育或体育课所起到的作用无需置疑，所有教师、家长对此都是深信不疑的。但为什么很多青少年学生总是逃避上体育课，把体育课当作敌人来仇视呢？主要还是缺乏这方面的兴趣，即使有动机，如果缺乏兴趣，依然无法主动参与其中。

调查发现，超过40%的学生对体育课不感兴趣或不喜欢，接近40%的学生对体育课的兴趣属于一般的程度。学生为什么对体育课不感兴趣，为什么不喜欢体育课，学生的普遍回答是体育课没意思，枯燥乏味，根本没有心情参与。丰富多彩的、娱乐身心的活动才是学生心中体育课应该呈现的状态，如果体育课一如既往的没意思，那学生宁愿在体育课堂上学习文化知识。改变这种情况，要从体育教学方法创新入手，要采用能够提起学生兴趣和精神的教学方法。

“娱乐”体育教学法在吸引学生注意力，培养学生体育兴趣与爱好方面的作用远远超过传统教学方法。娱乐教学方法中采用的教学形式丰富多彩，组织形式变化多样，学生了解体育知识、掌握技术动作、参与身体练习的积极性能够被充分调动起来，从而创建“主动体育学习课堂”。

教师在设计与编排“娱乐”教学法时，一定要多下功夫，善于从学生的日常生活中挖掘“娱乐”材料，善于将各种能够激起学生兴趣的工具和手段运用到课堂中。虽然这给体育教师的备课工作增加了难度与压力，但一旦这种方法在课堂上顺利运用与实施，学生的学习积极性被成功调动起来，那么教师在课堂上也不用一直苦口婆心劝学生注意听讲或练习，这样教师在课堂上的负担就减轻了，而且可以达到良好的教学效果，顺利完成教学目标与任务。

需要注意的是，不管采用什么样的教学方法，学生的体质锻炼和技能学习始终都是课堂的核心，所以运用娱乐教学法时不要为了娱乐而娱乐，不要一味娱乐而不注重课堂教学实效，这会陷入本末倒置的尴尬局面。

### （二）“成功”教学法

体育教师从学生的基础水平和接受能力出发，将技术动作的精华部分提取出来，适当降低整个动作的难度，对速度、远度、准确度放松要求，鼓励学生意志顽强地做好动作，并注意区别对待，让学生在亲身参与中体验“成功”的快感和欢乐，然后给学生正面鼓励，这就是成功教学法在体育教学中的运用。

青少年学生正处于自尊心、自信心都很强的时期，他们昂扬的斗志、坚定的决心只需要让其稍微体会到一些成功感和喜悦感就能够激发出来。部分学生本来就不喜欢上体育课，如果看到其他同学很好地完成了技术动作，自己内心就会更加崩溃，甚至产品强烈的排斥心理，一点都不愿意参与其中，但如果学生自己意志坚定，态度积极端正，其就会自觉探索技术动作的技巧与完成方法，并虚心向其他同学请教。为了达到这一点，体育教师要多为学生提供能够使其获得和体验“成功”的机会，激发其不断追求成功的渴望，最终使其能够自觉而独立地学习、练习。

需要注意的是，在体育教学中应用成功教学法一定要适可而止，避免过度使用，以免使学生产生“唯我独尊”的错觉，出现自负等不良心理。

### （三）逆向思维教学法

教师按照反向思维，反方向引出问题的教学方法就是逆向思维教学法。按照正向思维进行教学是所有教师普遍的共同习惯，但并不是所有的技术动作都最适合采用正向思维来教。按照反向程序来教一些动作可能效果更好。例如，掷标枪教学顺序一般是持枪投掷→持枪投掷＋助跑→完整动作练习，跳远教学顺序一般是起跳→助跑→落地等，这些教学程序的实施同样需要反向运用教学方法。此类技术动作特点相似，把比较难的技术动作放在前面先练习，然后过渡到完整练习，而且先练习的难度动作直接决定成绩。

在体育教学中，如果学生学不会，教师第一反应往往是学生接受能力差、智力差，不管是不是学生的问题，把教不好、学不会都推给学生，而能够逆向思维反思是否是自己的教学出了问题的教师很少，如果教师能够时常逆向思维反思自己，并采用逆向思维教学法，就会使自己和学生都得到进步。

# 第五章　现代体育教学的模式论及其科学构建研究

体育教学模式是体育教学理论与体育教学实践的中介，其既是理论的应用，又是实践的概括，对体育教学的发展产生了巨大的作用。我国在长期的体育教学中已经形成了一套较为系统、稳定且具有较强可操作性的教学模式。但随着体育教学的深入改革与不断发展，我国仍需继续加强对体育教学模式的改革与创新，以激发学生的体育学习兴趣，提高学生的健康水平与运动技能水平，促进学生个人实践能力的提高及良好运动习惯的养成，更好地实现全面发展的目标。本章主要就现代体育教学的模式论及其科学构建展开研究，主要内容有体育教学模式分析、常见体育教学模式及应用、体育教学模式的发展与改革以及有效体育教学模式的构建与实施。

## 第一节　体育教学模式分析

### 一、体育教学模式的概念

体育教学模式指的是具有特定的体育教学思想，用以完成单元体育教学目标而设计的相对稳定的教学程序。①

---

①　邵伟德.体育教学模式论[M].北京：北京体育大学出版社，2005.

## 二、体育教学模式的分类

### (一)按体育教学要素的分类

按照体育教学的不同要素,可以将体育教学模式划分为多种不同的类型,这方面具有代表性的学者及分类情况见表 5-1。

**表 5-1 按体育教学要素的分类**

| 学者 | 分类依据 | 具体类型 |
| --- | --- | --- |
| 胡庆山 | 蕴含的教育理论 | 掌握学习教学模式<br>发现学习教学模式<br>俱乐部型教学模式 |
| | 教学目标 | 以掌握“三基”为主的教学模式<br>以激发学生运动兴趣为主的教学模式<br>以丰富学生情感体验为主的教学模式<br>以培养学生运动能力为主的教学模式 |
| | 教学方法 | 运用现代教学技术的学习模式<br>自主学习模式<br>策略学习模式<br>情景教学模式<br>传授—接受教学模式<br>交互式教学模式 |
| | 教学组织形式 | 个别化学习模式<br>合作学习模式<br>集体学习模式<br>课内课外一体化教学模式<br>俱乐部型教学模式 |

续表

| 学者 | 分类依据 | 具体类型 |
| --- | --- | --- |
| 邹师 | 蕴含的教育理论 | 现代教育理论模式<br>系统科学理论模式<br>社会学理论模式<br>心理学理论模式<br>素质教育理论模式 |
| | 教学目标 | 掌握技能教学模式<br>提高素质教学模式<br>激发学生学习兴趣的教学模式<br>培养学生学习能力的教学模式<br>自我健身体验乐趣教学模式 |
| | 教学方法 | 运用现代教学技术的学习模式<br>自主学习模式<br>策略学习模式<br>讨论式教学模式<br>交互式学习模式<br>情景式教学模式 |
| | 教学组织形式 | 技术辅导教学模式<br>个别化学习模式<br>集体学习模式<br>合作式学习模式<br>课内外一体化教学模式<br>俱乐部式教学模式 |
| | 课的类型 | 素质课学习模式<br>理论课学习模式<br>新授课学习模式<br>复习课学习模式<br>考试课学习模式 |

## (二)按体育教学多元目标的分类

新课程标准改革中,体育教学目标在不断丰富,具体包括五个方面——身体健康目标、心理健康目标、社会适应能力目标、运动参与目标以及运动技能目标。现代体育教学目标比以前的教学目标更具体,基于这五大目标,可以将体育教学模式划分为图 5-1 中所示的三种类型。

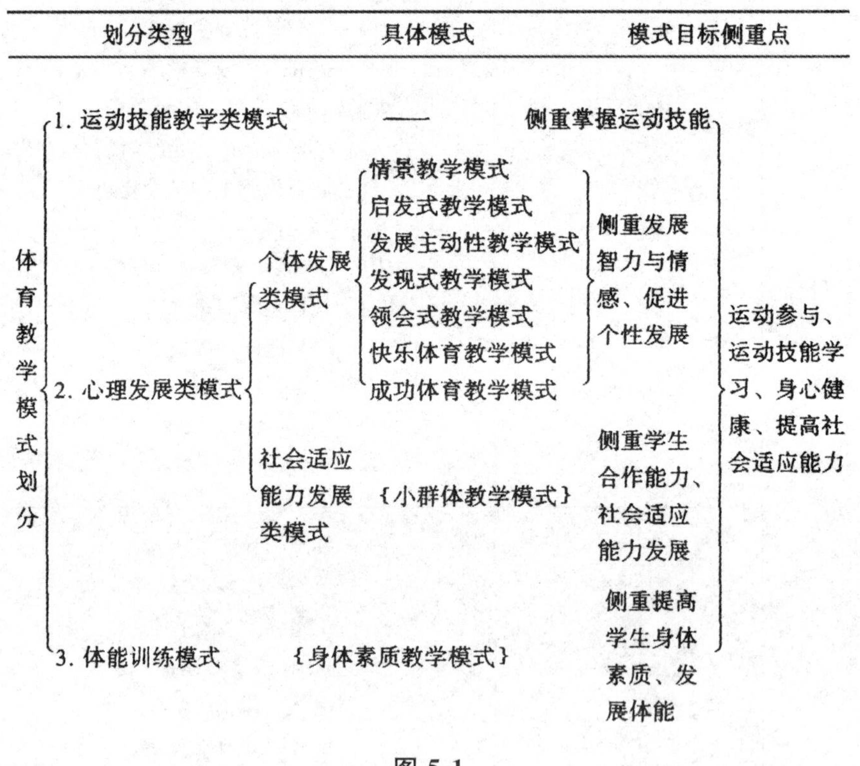


图 5-1

## (三)按体育教学的本质特征——“运动技术学练”的分类

“运动技术学练”是现代体育教学活动的本质特征,以此为依据,并结合“二分法”原理,可以将体育教学模式划分为图 5-2 所示的两大类,即运动技能类教学模式与非运动技能类教学模式,这与前一种分类方法有相似之处,即都将运动技能类教学模式单独划分出来,作为体育教学模式的一个大类。

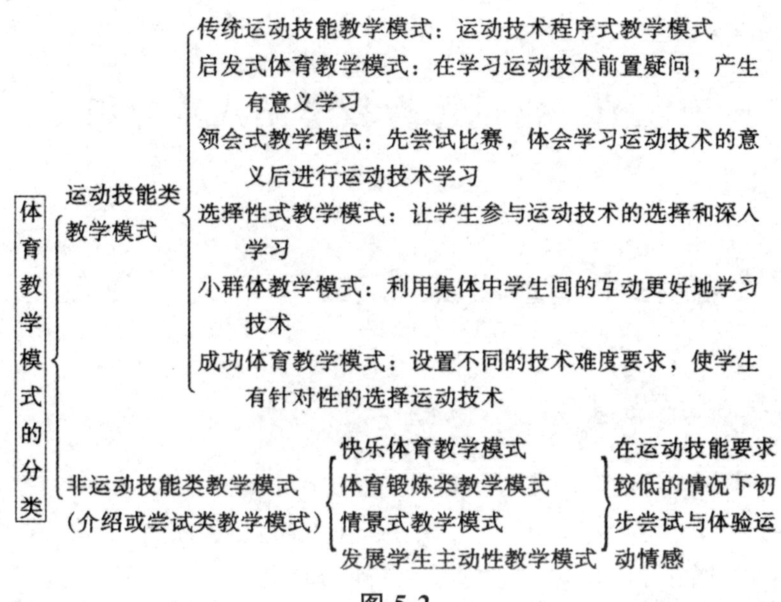


图 5-2

## 三、体育教学模式的结构

体育教学模式概念简洁，教学条件、教学主体、师生合作状况等体育教学模式的非本质性构成要素都没有在概念中重点体现出来。但在对体育教学模式结构的分析中，需将这些非本质性因素考虑在内，从而建立完整的体育教学模式结构。完整体育教学模式的结构图如图 5-3 所示。

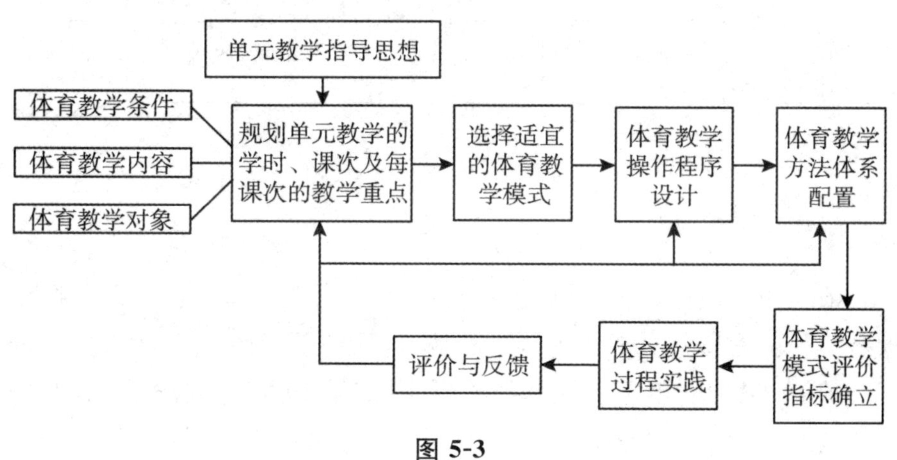


图 5-3

# 第二节　常见体育教学模式及应用

## 一、启发式体育教学模式及应用

### （一）模式概念

启发式体育教学模式指的是围绕学生展开体育教学，以学生的积极主动性为基础，使学生积极思考与独立探究问题，发现并掌握相应知识，得出相应结论的一种教学模式。

### （二）模式操作流程及应用举例

1．操作流程

在体育教学中运用启发式教学模式的教学流程如图5-4所示。

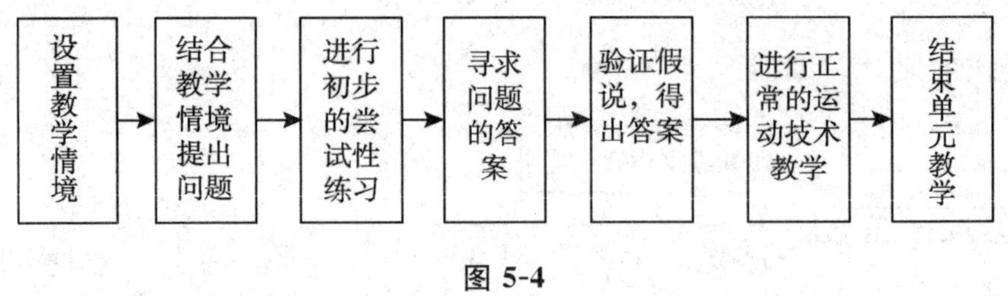


**图5-4**

2．应用举例

在足球行进间脚内侧传接球技术的教学中运用启发式教学模式，可取得良好的教学效果，具体应用流程如图5-5所示。

在跨栏跑教学中也同样适合采用该教学模式，以提高学生的独立探索能力及学习能力，具体操作流程如图5-6所示。

设置实物：第 1 节课实物
第 2 节课实物
第 3 节课实物
第 4 节课实物
第 5 节课实物

提出问题：
1. 提出第 1 节课的问题：球为什么会踏歪
2. 提出第 2 节课的问题：怎样让速度较快的球静止地停在自己的脚下
3. 提出第 3 节课的问题：接球与传球应如何连接
4. 提出第 4 节课的问题：脚内侧运球时脚踝关节为什么要贴着球
5. 提出第 5 节课的问题：跑动中的传球者为什么把球传偏，而接球者又接不到球

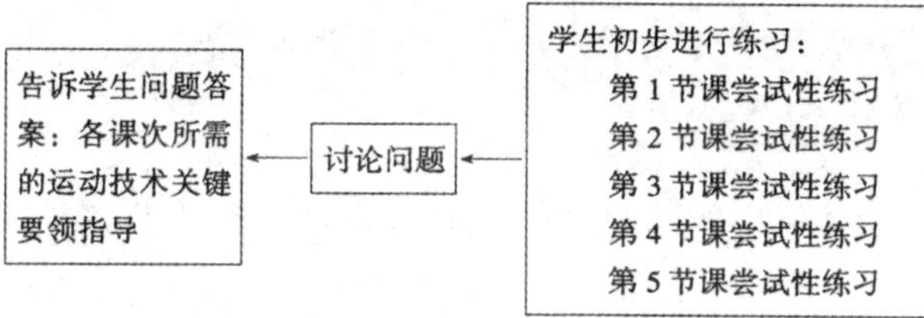


图 5-5

设置教学情景：
设置教学情景 1：在跑道上放置一个栏架或横箱
设置教学情景 2：在跑道上放置一个栏架，要求学生在 2 米左右的地方用摆动腿攻栏
设置教学情景 3：可以在墙边放置“前高后底”的栏架，要求学生手扶墙练习起跨腿技术
设置教学情景 4：跨越竹竿或其他或在跑道上放置 2 ~ 3 个栏架，要求学生体会两腿的协调技术
设置教学情景 5：在跑道上放置 2 ~ 3 个栏架，要求学生在边上观看并把练习者的过栏后的三个步点划出来
设置教学情景 6：在跑道上放置 2 ~ 3 个栏架，让练习者进行练习
设置教学情景 7：在跑道上放置标准栏架，结合起跑进行记时

提出问题：
1. 想象可以采用多少种方法过这栏架？跨和跳有区别吗
2. 为什么摆动腿要充分地折叠攻栏
3. 任何使自己的起跨腿不会碰到栏架
4. 想象一下在栏上自己的身体是什么样的姿势
5. 栏间的步点大小是如何分布的
6. 如何缩短过栏的时间
7. 分析影响决定跨栏跑成绩的因素有哪些

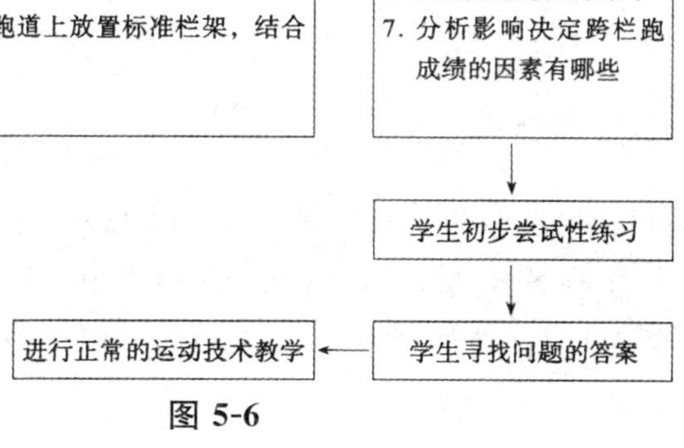


图 5-6

## 二、快乐体育教学模式及应用

### (一)模式概念

快乐体育教学模式指的是以运动为基本手段,采用合适的教学方法,促进学生体能增强,使学生获得快乐体验的教学模式。

### (二)模式操作流程及应用举例

1. 操作流程

在体育教学中运用快乐体育教学模式的教学流程如图 5-7 所示。

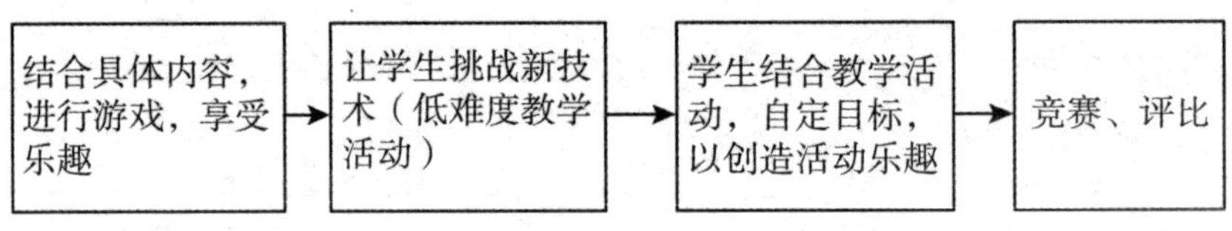


图 5-7

2. 应用举例

在发展学生体能的“鱼跃前滚翻”动作教学中,运用快乐体育教学模式可取得良好的教学效果,具体应用流程如图 5-8 所示。

## 三、小群体体育教学模式及应用

### (一)模式概念

小群体体育教学模式指的是教师按某些共性和特殊性的联系将学生分成若干学习小群体,使学生在“互动、互助、互争”的学习活动中获得知识与技能、陶冶性情、树立集体主义精神及完善人格的一种教学模式。

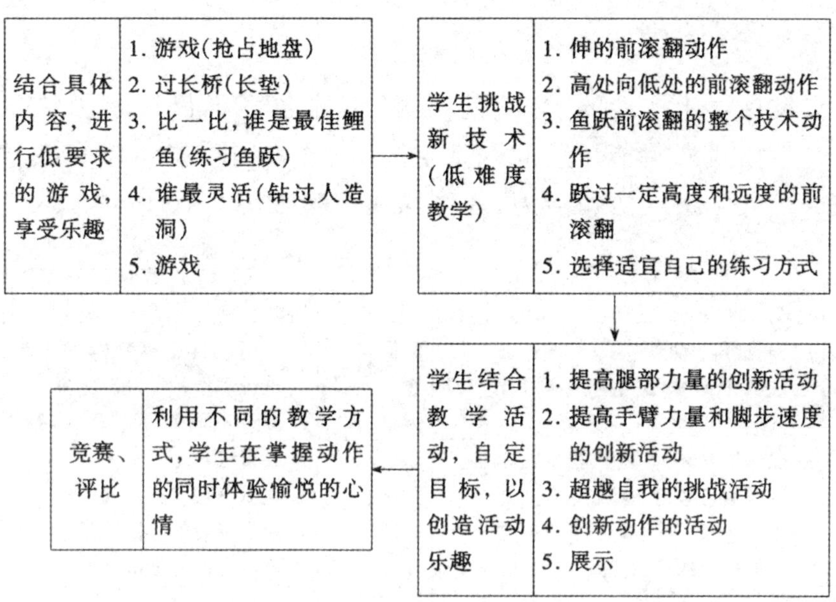


图 5-8

## (二)模式操作流程及应用举例

### 1. 操作流程

在体育教学中运用小群体体育教学模式的教学程序如图 5-9 所示。

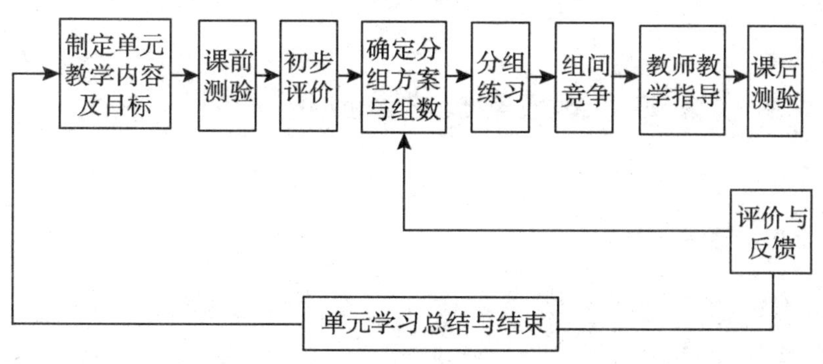


图 5-9

2. 应用举例

发展学生体能的"鱼跃前滚翻"动作教学不仅适合用快乐体育教学模式来营造活泼的课堂氛围,也适合用小群体体育教学模式来培养学生的协作能力,具体应用流程如图 5-10 所示。

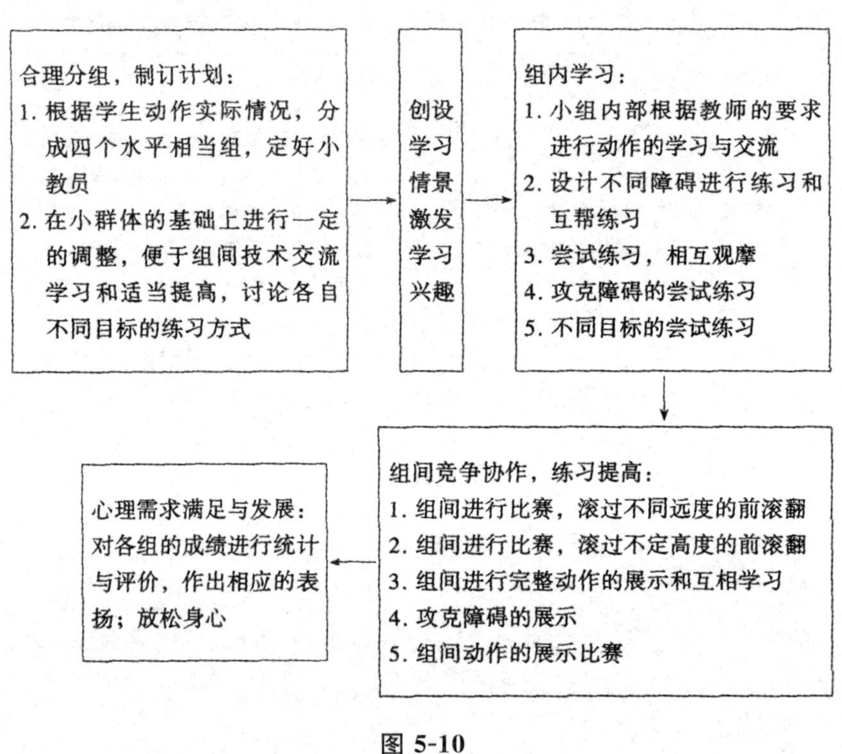


图 5-10

## 四、领会式体育教学模式及应用

### (一)模式概念

领会式体育教学模式是指在准备充分的场地设施条件下使学生学习与体会运动技术,调动其学习积极性,提高其学习效果,为其终身体育打基础的一种教学模式。

### (二)模式操作流程及应用举例

1. 操作流程

在体育教学中运用领会式体育教学模式的教学程序如图 5-11 所示。

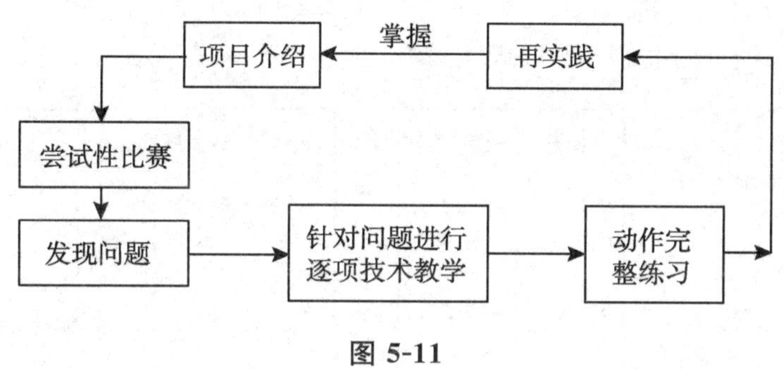


图 5-11

2. 应用举例

在行进间运球上篮的技术教学中运用领会式教学模式,可取得良好的教学效果,基本应用流程如图 5-12 所示。

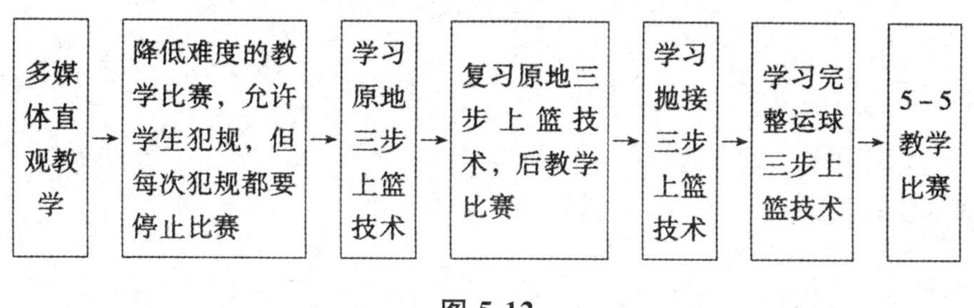


图 5-12

## 五、发展学生主动性的体育教学模式及应用

### (一)模式概念

发展学生主动性的体育教学模式是指体育教学中教师创造

条件使教学活动主体——学生的自主性与积极作用得到充分发挥，促进其学习积极性提高的一种教学模式。

(二)模式操作流程及应用举例

1. 操作流程

在体育教学中应用发展学生主动性的教学模式，可参考图 5-13 所示的教学程序与步骤。

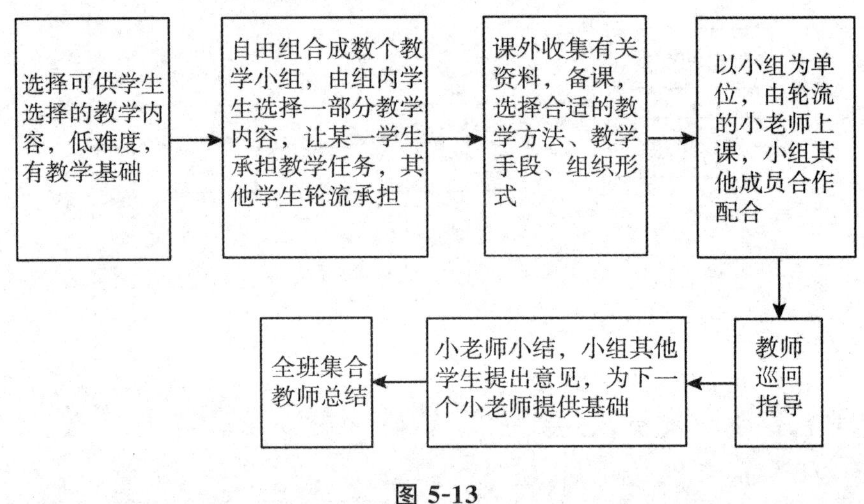


**图 5-13**

2. 应用举例

在“蹲踞式跳远”技术的教学中运用发展学生主动性教学模式的操作流程如图 5-14 所示。

## 六、成功式体育教学模式及应用

(一)模式概念

成功式体育教学模式指的是教师引导学生设计适合自己学习能力的学习目标，指导学生通过努力学习来达成目标，使其树立自信，体验成功，进而完成更高层次的目标的一种教学模式。

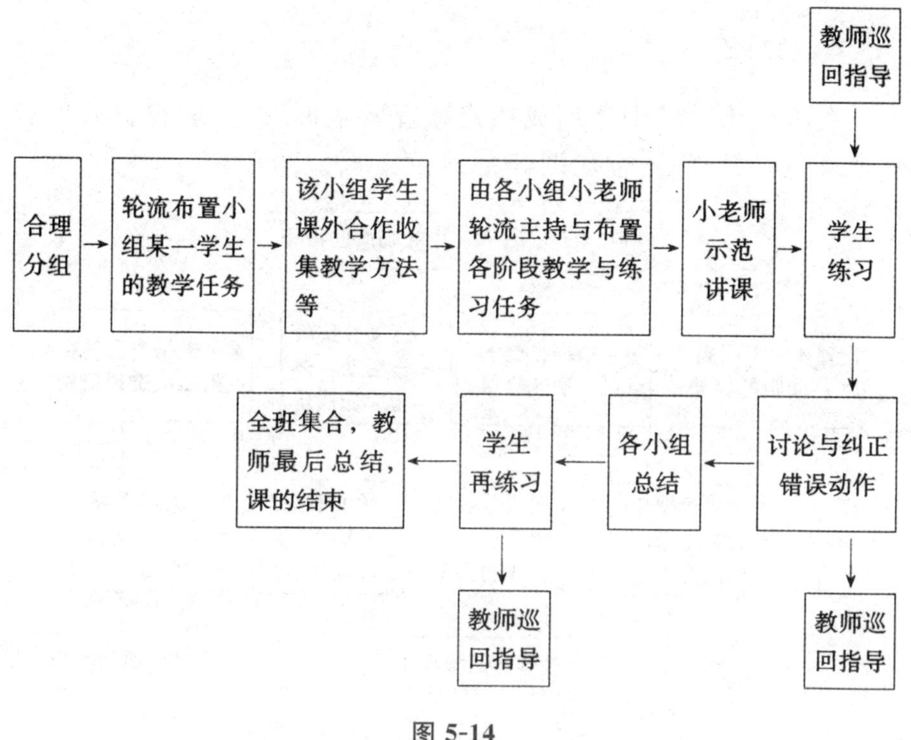


图 5-14

## (二)模式操作流程及应用举例

### 1. 操作流程

在体育教学中运用增强学生自信的成功式教学模式时,具体教学程序如图 5-15 所示。

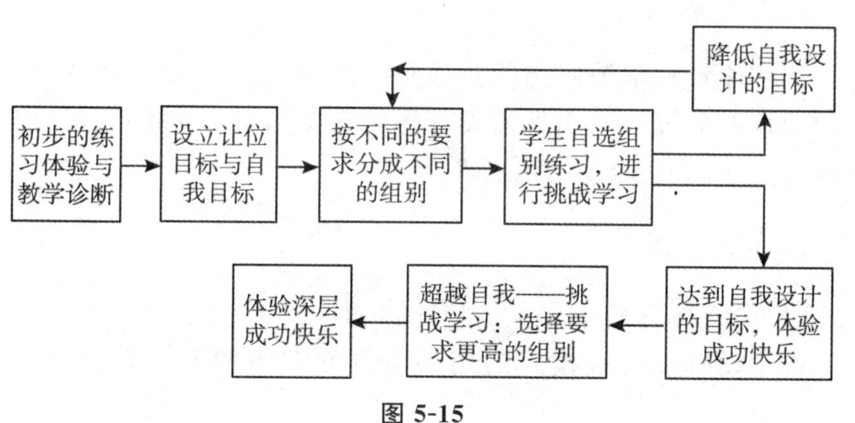


图 5-15

2. 应用举例

在跨栏跑教学中运用成功式体育教学模式,可取得良好的教学效果,具体操作流程如图 5-16 所示。

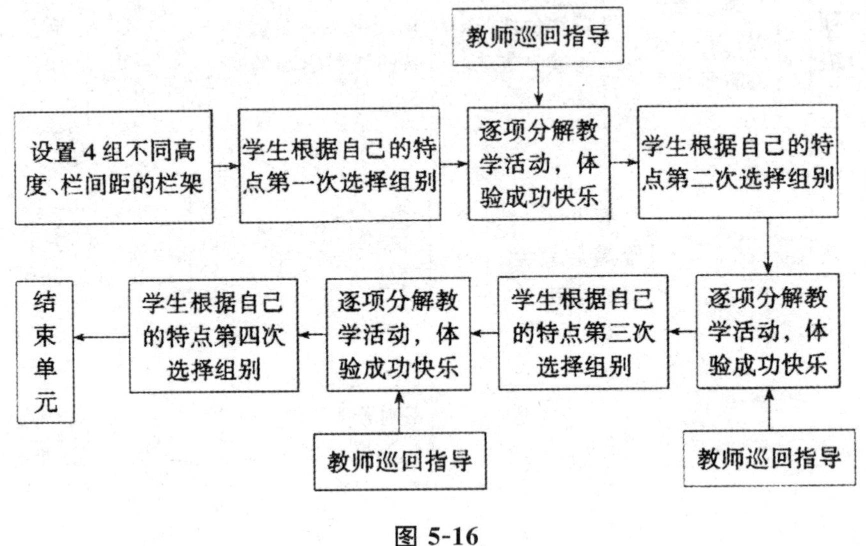


图 5-16

## 七、其他体育教学模式及应用

### (一)传统体育教学模式

1. 模式概念

传统体育教学模式指的是教师在运动技能教育观的指导下，从运动技能形成规律出发而设计体育教学程序的一种教学模式，也被称为“运动技能传授模式”。

2. 应用程序

(1)传统体育教学模式的应用流程

将运动技能传授模式运用到体育教学中的简易教学程序如图 5-17 所示。

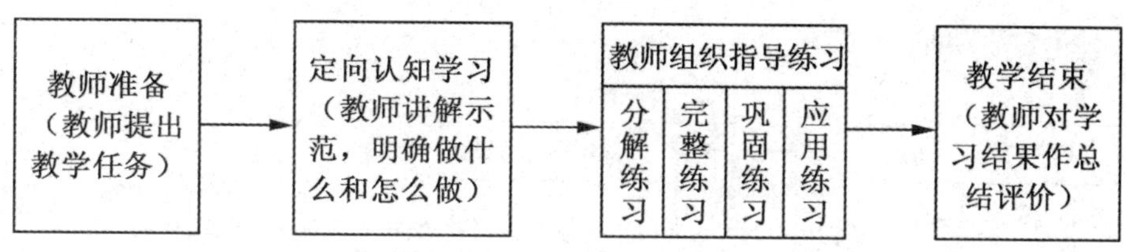


图 5-17

(2)传统体育教学模式的变化形式及应用流程

在体育教学模式的改革与发展中，运动技能传授模式也在不断完善与丰富，如“师生合作式”“教师辅助式”等教学模式都是在这一传统模式的基础上变革而来的新模式，它们在体育教学中应用的教学程序分别如图 5-18 和图 5-19 所示。

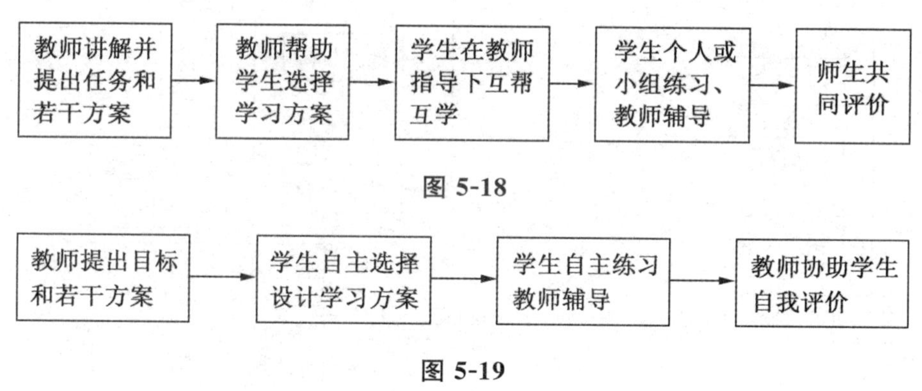


图 5-18

图 5-19

## (二)即兴展现体育教学模式

### 1. 模式概念

即兴展现体育教学模式是指教师创设适宜的体育课堂教学情境，对学生的表现力、创新力进行培养，从而促进学生身心发展，提高教学效果的一种教学模式。该模式具有科学性、艺术性，对培养与提高学生的创新能力及应变能力具有重要意义。

### 2. 应用流程

在体育教学实践中应用即兴展现教学模式时，具体教学程序如图 5-20 所示。

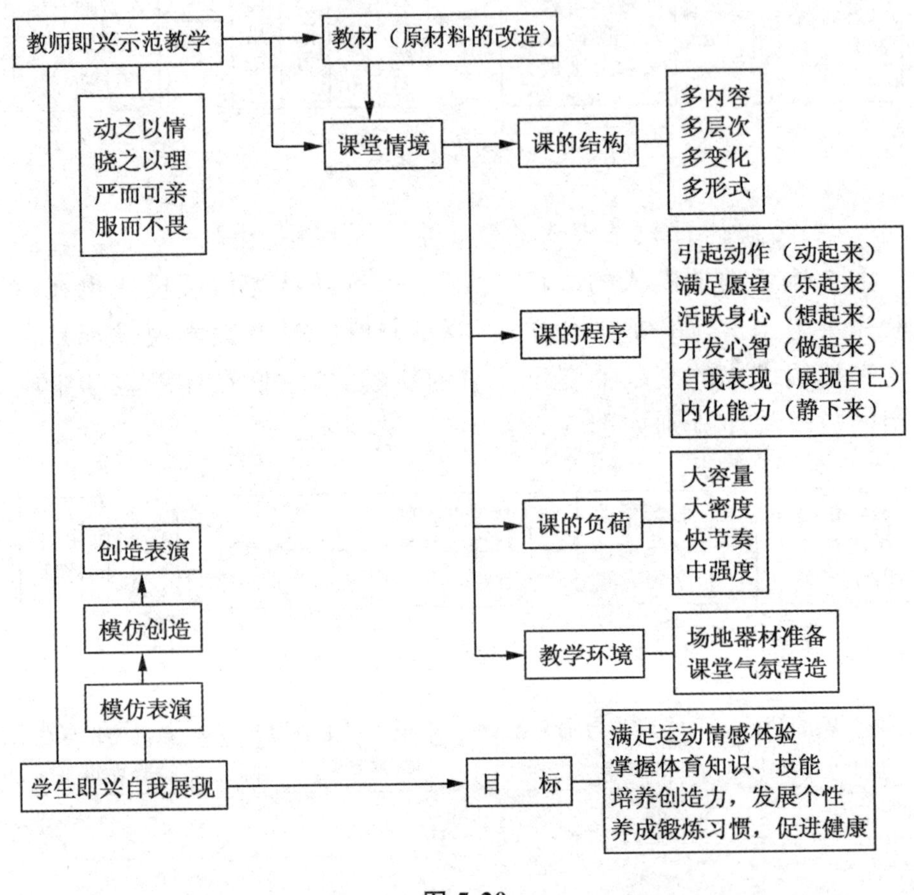


图 5-20

## (三)案例学习体育教学模式

### 1. 模式概念

案例学习体育教学模式是指教师选择与实施典型的体育教学内容和体育教学方式,使学生从个别到一般地掌握带有规律性的体育知识与技能,同时在这一过程中培养学生学习能力的一种教学模式。

2. 应用程序

图 5-21 所示的是运动战术配合教学中运用该教学模式的一般教学程序。

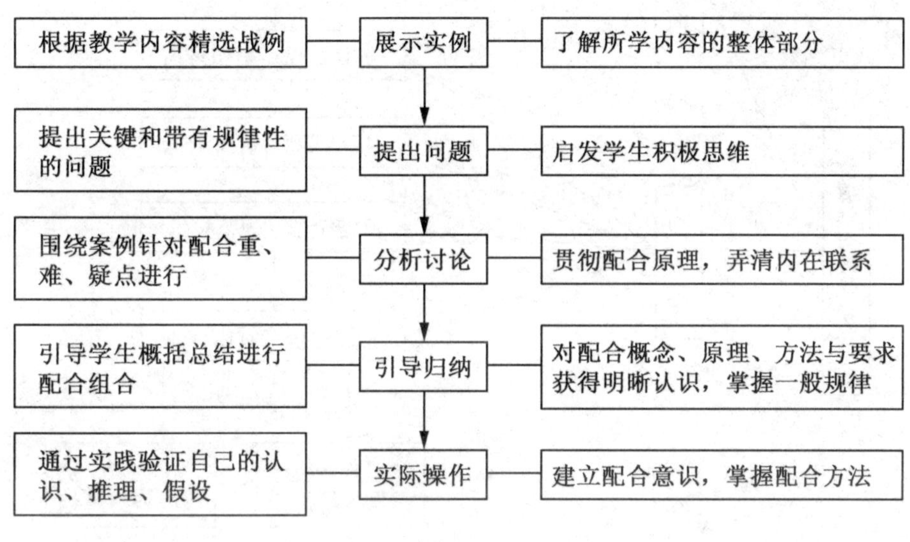


**图 5-21**

## (四)“掌握学习”教学模式

1. 模式概念

“掌握学习”教学模式指的是教师给学生提供充足的学习时间，使其高效掌握体育教学内容的一种教学模式。

2. 应用流程

在体育教学中应用该模式时，教师基于不同阶段的体育教学目标来将教学内容划分为不同的单元，然后在充分了解教学对象后实施针对性的单元教学，之后作形成性评价，了解学生的学习情况，及时发现与解决学生学习中遇到的问题，最后作终结性评价，促进学生各方面素质的发展与提高(图 5-22)。

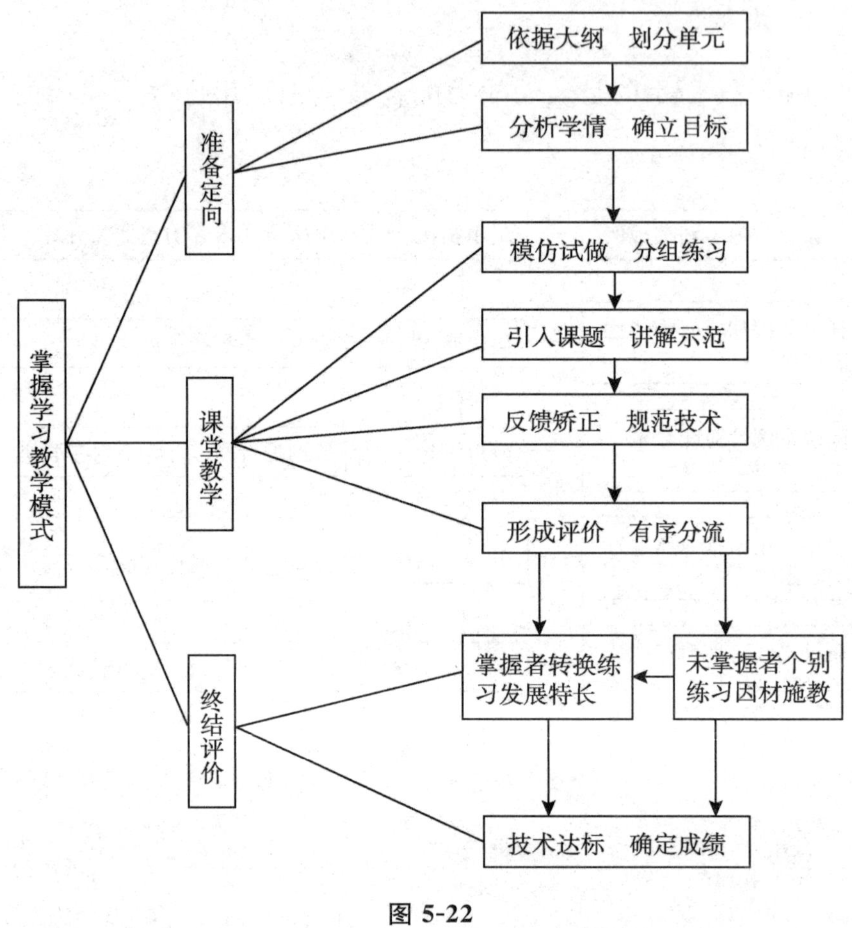


图 5-22

将“掌握学习”教学模式运用到体育教学中时，具体教学程序如图 5-23 所示。

## (五)结构—定向教学模式

### 1. 模式解析

结构—定向教学模式是“结构—定向”教学理论形成与发展的产物，其包括以下两方面的含义。

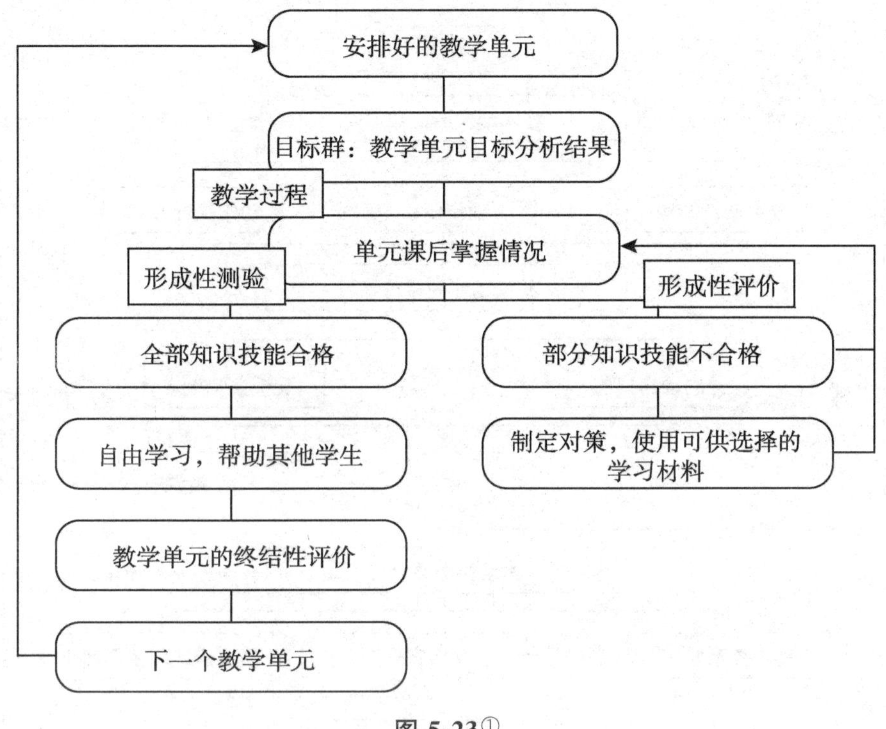


图 5-23①

(1)结构化教学

结构化教学是指为促进学生“发生预期变化”及促进学生心理发展的教学，其要求将“构建学生的心理结构”作为教学的中心。

(2)定向化教学

学生的心理结构对教学效果有很重要的影响，依据学生的心理结构形成规律、特点而开展定向教学工作，以定向培养学生，从而提高教学效果的教学过程就是定向化教学。这一观点在体育教学中主要表现为学生在技术动作学习中认知结构和动作技能的形成过程(图 5-24)。

① 张传骏.高中数学课堂中的“掌握学习”教学模式研究[D].南京师范大学，2007.

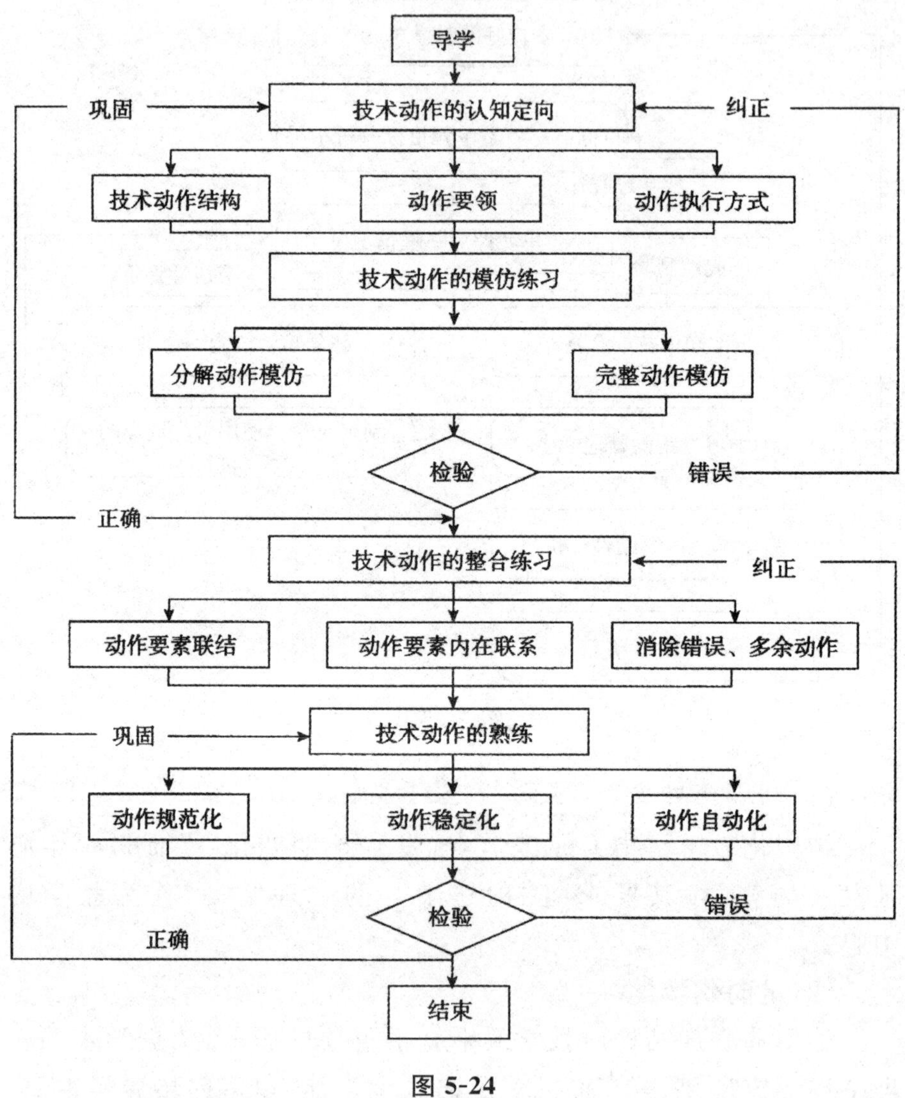


图 5-24

2. 应用流程

“结构—定向”教学理论对体育教学具有重要的指导作用，相应模式的教学程序如图 5-25 所示。

将“结构—定向”教学模式运用到体育教学中，需重视以下几个环节。

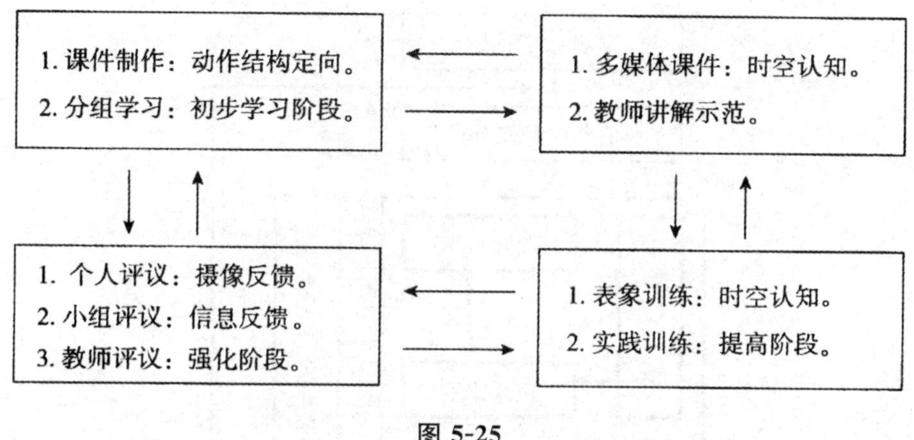


图 5-25

(1)详细分析与科学设计教学目标。

(2)确定动作定向，创设学习情境，为教学组织的整体性与最优化提供保障。

(3)组织小组协作学习。

(4)“反馈—矫正”环节对多种反馈方式综合运用。

(5)强化练习设计。

## (六)网络教学模式

### 1. 模式解析

当前信息化教学已成为现代体育教学的主要发展趋势之一，随着信息技术在体育教学中的广泛应用，网络教学、课堂教学、正式比赛(合称“三元”)和体育学习共同体(“一体”)共同组成了“三元一体”的体育教学模式。该模式的理论框架如图 5-26 所示。

### 2. 实践应用

网络教学最大的特点是虚拟情境，认知和实践相分离。虽然学生只通过网络学习无法顺利达到掌握运动技能的目标，但网络教学以其强化认知、增加反馈等功能为学生成功掌握运动技能提供了外部条件与基础保障。图 5-27 直观地反映了网络教学在学生运动技能形成中所发挥的重要作用。

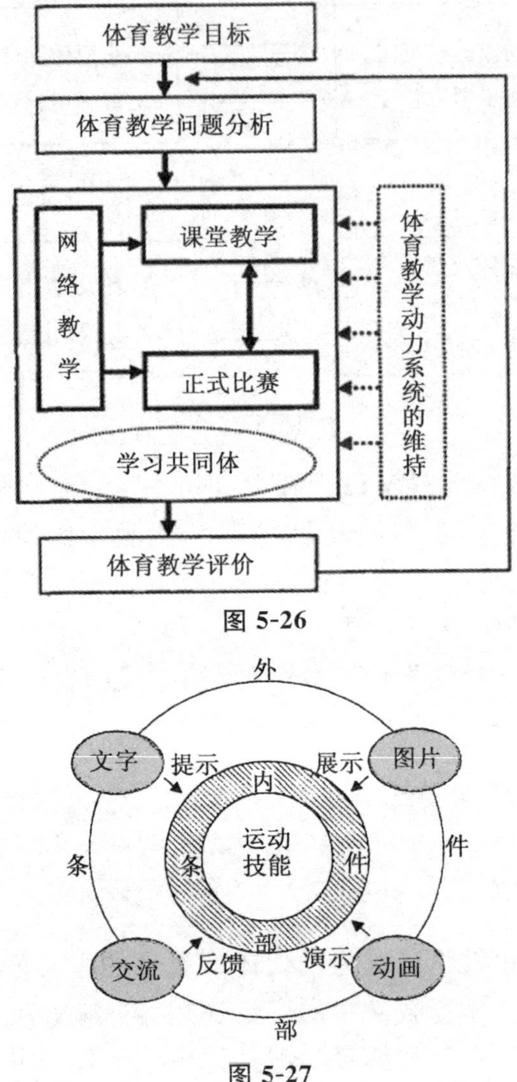


图 5-26

图 5-27

在网络教学实施过程中，需要抓紧创设内部条件，内外协调，形成合力，促进学生对运动技能的学习、掌握及其技能水平的提高。

“三元一体”教学模式中的正式比赛多在课外安排，目的是对学生的实践能力及综合运用能力进行培养，但因为课堂教学的限制，若在课堂上组织比赛，规模、时间都有限，也无法形成激烈的对抗性。而利用课外时间组织比赛，则规模、时间都会有所保障。利用第二课堂组织比赛，与课堂教学、网络教学密切联系，使学生获得更完善的学习条件和更可靠的学习平台，使学生运动技能的形成更有保障，如图 5-28 所示。

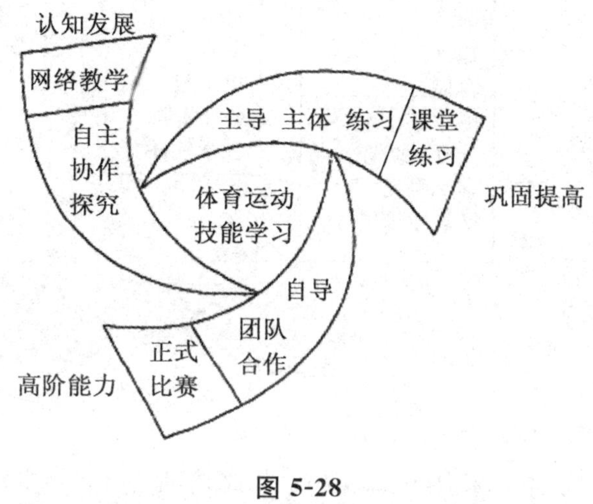


**图 5-28**

在体育网络教学中，网络课程的设计非常重要，包括对具有重要导航作用的相关功能模块的设计，这要在总体框架中重点体现出来，但要注意层级的适宜性，明确教学内容，便于学生自主学习与掌握。

网络教学模式的运用结构如图 5-29 所示(以篮球教学为例)。

### (七)运动教育模式

#### 1. 模式概述

(1)模式概念

运动教育模式是以游戏理论、团队学习理论、情景学习理论为指导思想，以教师直接指导，设计和组织体育教学，以合作学习和同伴学习为学习方法，通过固定分组、角色扮演等组织形式，在整个教学过程中以比赛为主线，给不同运动水平的学生提供真实丰富的运动体验的教育模式。[①]

① 马冬.运动教育模式在普通高校网球课教学中的应用研究[D].山东体育学院，2012.

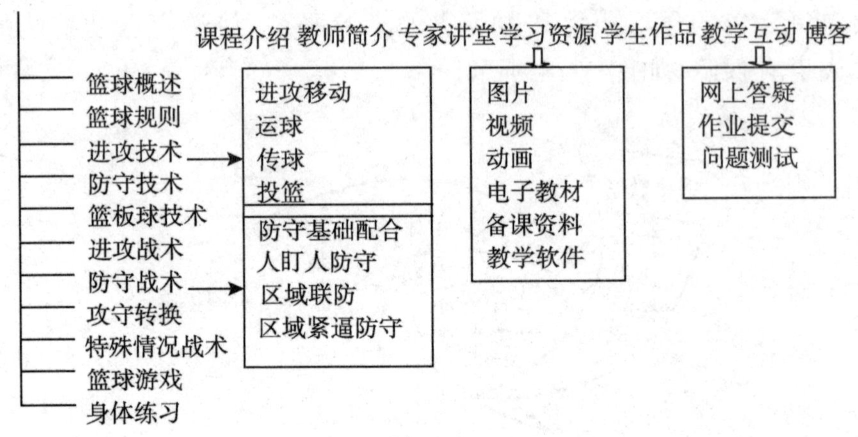


图 5-29

(2)模式作用

在体育教学中采用运动教育模式可促进学生主体地位的确立与巩固,提高学生的运动参与意识,端正学生的学习态度,提高学生的学习兴趣、战术意识、比赛能力、心理健康水平、社会适应能力及终身体育意识。

(3)模式特征

图 5-30 直观反映了运动教育模式的基本特征。

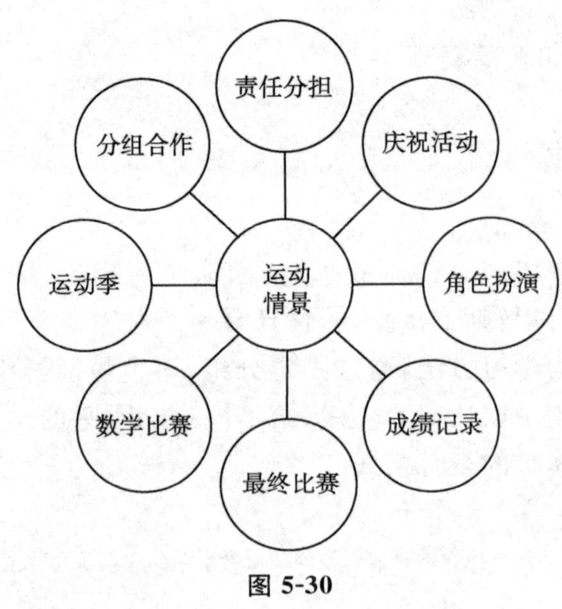


图 5-30

2. 模式应用

在体育教学中运用运动教育模式的教学程序如图 5-31 所示。

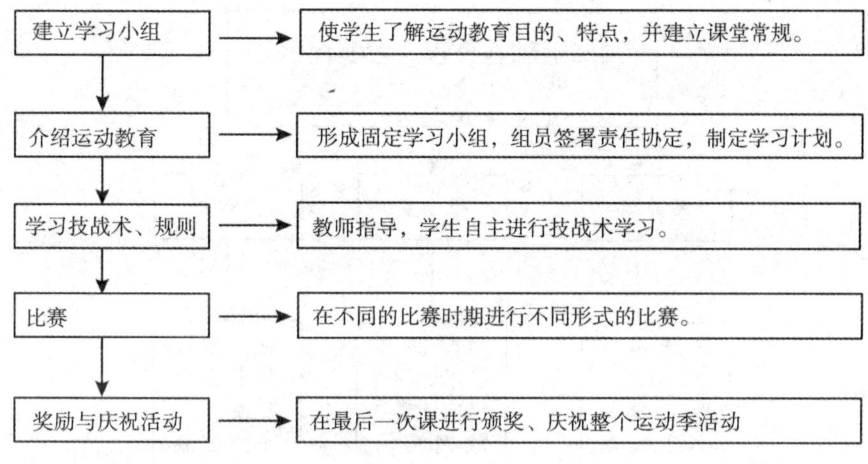


图 5-31

在传统体育教学模式中，是按教学单元实施教学的，而在运动教育模式的实施中，由季前期、季中期和决赛期三个阶段组成的"运动季"取代了传统意义上的教学单元。"运动季"各阶段的教学工作如图 5-32 所示。

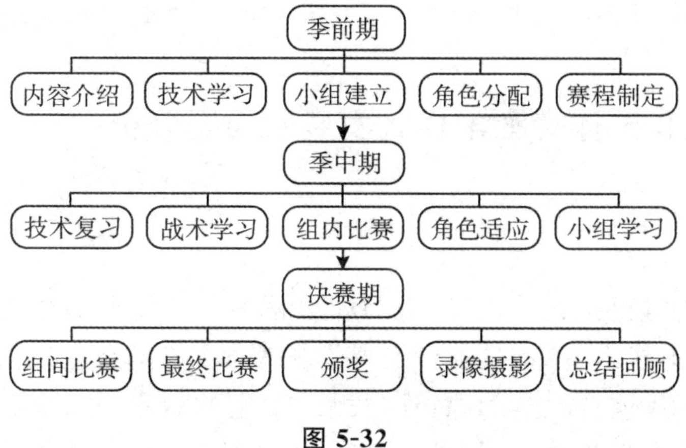


图 5-32

随着体育教学改革的不断深入，运动教育模式在体育教学尤其是球类运动教学中得到了广泛的应用。以网球教学为例，该模式的具体应用程序参考图 5-33。

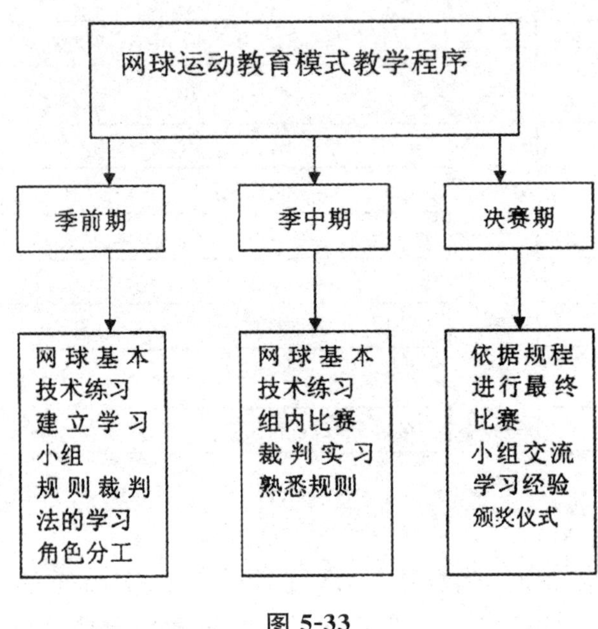


图 5-33

## 第三节　体育教学模式的发展与改革

### 一、我国体育教学模式发展的问题分析

#### （一）不重视学生的主体地位

传统体育教学模式以“教师和教材为中心”，强调学生对基本知识、基本技术、基本技能（“三基”）的掌握，技术至上的观念始终困扰着现代体育教学的改革与发展，学生的观察、思维、记忆等学习活动基本都是被动的，学生的主体性被忽视，主观能动性得不到发挥。

## (二)体育的作用没有得到充分发挥

体育的功能主要体现在身体健康促进、心理健康促进、提高修养、发展个性、社会化等方面,但现有的体育教学模式抑制了体育多元功能的发挥,具体分析如下。

### 1. 身体健康促进方面

调查发现,认为体育教学没有使自身身体素质得到提高的学生有很多,甚至有学生感觉自己的身体健康情况还不如以前,有退化的现象。这与传统体育教学模式的弊端有很大的关系,"强身健体"是体育最本质的功能,但如果一直采用传统教学模式,不进行改革与优化,则该功能很难充分发挥出来。

### 2. 心理健康促进和个性发展方面

调查了解到,很多学生认为体育教学没有起到培养团队精神的作用,对课余体育锻炼没有兴趣的学生也有很多,可见学校体育在心理及个性发展方面的教育功能并未实现,传统体育教学模式不重视对学生道德及意志品质的培养。

### 3. 社会化方面

学校体育教学是在特定范围内开展的一项特殊的具有规范性的社会活动,学生在这一活动中应遵守相关的社会准则,学生之间及其与教师之间的沟通交流都比较频繁,学生的人际交往能力在这一活动中能够得到提高。但调查显示,学生在体育教学中的学习以个体学习为主,相对孤立,学生的社交能力及团队协作意识并没有在体育教学中得到有效的培养与明显的提高。

### 4. 体育修养方面

调查发现,认为体育教学能使自己的体育修养得到提高的学生并不多,体育教学在这方面的教学效果并没有得到大部分体育教师的肯定。

### (三)不重视培养学生的情感态度、个性心理、社交能力和创新思维

体育教学目标在现代人文主义教育观和科学主义教育观的推动下发生了深刻的变革,社会对人才和人的全面发展的需求是改革体育教学目标的主要依据,满足社会对人的要求也是体育教学目标发展的一个趋势。调查发现,我国大部分学校的体育教学模式都存在传统意义上的局限与劣势,教师对学习基本技术和练习技能过分强调,将学生掌握运动知识、运动技能作为主要教学目标,而不重视在体育知识与技能的传授中对学生运动兴趣的培养,不重视对学生社交能力及创新能力的培养,也不重视学生的心理健康情况,不重视完善学生的个性,这些方面的课程目标没有在教学实践中得到关注,因此也未选择相应的教学内容及实施相应的教学模式。

### (四)不重视培养学生的体育兴趣和习惯

体育教学中,基本知识、基本技术、基本技能是教师一直强调的“三基”;随着体育教学的改革,出现了由学生认知、心理情感和行为表现组成的“新三基”。但现代体育教学中对这些方面的培养不是很重视,学生缺乏参与体育运动的兴趣,在课堂上只是被动地模仿与重复练习,学习动力严重缺乏,这也导致其专项运动技能的学习效果低下。此外,课堂教学与课余体育的协调模式并未建立,学生在课后缺乏体育参与意识与能力,这严重影响了学生的健康发展。

## 二、促进我国体育教学模式改革与创新的建议

### (一)开展俱乐部模式,延伸体育课堂教学

根据学生的运动专项及兴趣爱好对课余体育俱乐部加以组

建，使学生的主体地位得到强化与巩固，满足学生的个性发展。俱乐部的组织形式可以包括多层次、多类型，旨在使学生的运动需求最大限度地得到满足，将课堂教学、课外活动有机结合起来，使学生拥有更多的锻炼与发展机会。

### （二）开展选项模式，提高专项运动技能

传统体育教学管理模式是按照自然班集体授课，教学内容“大一统”，随着体育教学模式的改革，要将这种管理僵局打破，更新体育课教学内容与管理形式，将“选项制”教学模式全面落实，使学生从自己的兴趣和爱好出发真正实现“三自主”（对运动项目、教师及上课时间的自主选择），加强对运动专项教学班的成立与管理，着手专项教学内容的开发与实施。

通过选项模式改革，增加运动项目，拓展课程目标，在培养学生身体素质和运动技能的同时对学生其他方面的素质进行培养，要求学生多练习专项技能，将“以学生为主体”的教学观念真正落实到实践中，使专项运动教学的科学性不断提高。此外，要在体育教学中融入人文素质教育，促进学生个性的完善与品格的提升，使学生学习、运动的动机、积极性都得到强化，体育素养得到提高，身心健康水平进一步提升。

### （三）开展体验式教学模式

体验式教学强调在教学中使学生产生对运动过程的深刻感受与体验，使学生之间针对自己的学习体会进行分享、交流，并将积累的经验应用到实践中，指导实践，并继续丰富经验，促进学生运动实践能力的提高。

学生是体育教学过程的中心，在指导学生学习与练习运动技能的过程中，使其主体性充分发挥，引导其感受与反思显性知识，深入理解、应用隐性知识，并能够进行正向转移，对学生实践动手能力进行培养，促进其素质与能力的高度转换。

此外，要继续推动课堂教学的延伸，对课外锻炼进行进一步

的强化，实施新型教学过程模式，具体包括体验、分享、整合、应用四个环节。

(四)开展导师制教学管理模式

将教师专项能力充分利用起来，组建教学导师梯队（教师为主导、学生为主体），有机融合课内技能实践、课外技能管理，使学生有更多的机会来发展与提高自己的技能，促进学生全面发展。课内外紧密结合的教学模式对学生良好锻炼习惯的形成和锻炼能力的提高具有积极的作用。

## 第四节　有效体育教学模式的构建与实施

### 一、有效体育教学模式的基本解析

#### (一)有效体育教学模式的概念

改革开放以来，我国对体育教学进行了深入且多方面的改革，从而出现了体育教学思想丰富多元的局面，在这些教学思想的指导下，我国学者深入研究与探索体育教学模式的理论和实践，形成了大量的教学模式，如身体锻炼模式、运动技能传授模式、心理体验教学模式等。这些教学模式的构建及应用对我国体育教学的改革与发展具有重要的启发意义。但我们必须承认，任何一种教学模式都不是万能的，也不是完美无缺的，它们各有优缺点，基于这一认识，我们在应用这些模式时，不可以将体育教学的功能目标割裂开，而应在整体构成的基础上有效实现各功能目标。

从我国体育课程教学改革的理论研究和实践需要出发，结合教学模式的最新研究成果，可以对有效体育教学模式的概念作如下界定:在"健康第一"教育思想的指导下,为有效实现体育教学目标,根据学生的主体情况和客观的体育教学资源,遵循体育教学基本规律,而设计的相对稳定的体育教学的运作程序。①

我们可以具体从以下几方面来深入理解有效体育教学模式的概念。

(1)"健康第一"思想是有效体育教学模式的核心和灵魂,对有效体育教学模式的构建与实施要坚持"健康第一"思想的指导。

(2)有效体育教学模式的实施效果具体表现为教学目标的实现上,包括学生体能素质发展、运动技能掌握、情意养成等方面。

(3)体育教学过程由学生的主体情况和体育教学资源这两大要素共同组成。体育教学效益主要由学生的主体需求决定,而体育教学效率在很大程度上受教学资源的影响,这些资源包括体育场地设施、教师素养、教学内容、教学方法等。

(4)在教学实践中实施教学模式,具体操作环节体现在运作程序上,在这一环节中,教师按照一定的步骤及采用一定的策略来指导学生学习。

## (二)有效体育教学模式的特征

### 1. 高效率

在体育教学中,评价教学活动是否有效,主要看其是否有效率,这是一个非常重要的评价维度。高效率、有效益、有效果是有效教学理念中判断教学活动有效性的三个重要维度。夸美纽斯写《大教学论》主要目的之一是对一种或一些能够使教员少教,但学生多学的教学方法进行创造与探索。这不仅是夸美纽斯教学观念的体现,也是教学效率内在要求的具体体现。

在一定教学投入下所产生的尽可能大和尽可能多的教学收益就是教学效率,教师和学生"教"与"学"的时间、精力以及努力

---

① 张细谦.有效体育教学模式的创建与实施[J].广州体育学院学报,2015(01).

程度等都属于教学投入的范畴，而学生的学习收益就是最后的教学收益。教学收益恒定，教学效率随教学投入的减少而增高，随教学投入的增加而降低。教学投入恒定，教学效率随教学收益的增加而提高，随教学收益的减少而降低。

2. 好效益

评价体育教学活动是否有效，也要看其是否有效益，这个评价维度同样必不可少，学生在教学活动中获得的进步和发展是教学收益，而学生掌握的知识与技能就是教学效益，这体现了学生进步和发展所起到的积极作用。教学效益指的是教学及其结果与社会和个人发展的需求是否吻合以及吻合的程度如何。

对教学效益的把握可以从“质”与“量”两方面进行，“质”指的是学生的学习所得与个人需要、社会需要“是否吻合”；“量”指的是学生的学习所得与个人需要、社会需要的“吻合程度”。教学及教学结果的合目的性、合价值性才是教学效益强调的重点，可以从以下两方面来理解。

一方面，教学活动追求个人效益，体现“以人为本”即以学生为本的教学思想。

另一方面，教学活动追求社会效益，为社会有序运行和发展进步而服务。

在体育教学中，不仅要强调学生的进步与发展，还要在此基础上保证学生的进步是有益处的，这是有效教学的基本要求。体育教学效果具有普适性，而体育教学效益具有相对性，因为在不同的地区、学校、班级及针对不同的学生实施相同的体育教学活动，教学价值会有一定的不同。如果对地区间、学校间发展的不平衡性、差异性不重视，对不同学生的不同学习需要不尊重，则即使能够取得一定的体育教学效果，也未必可以获得良好的教学效益。

在我国现代体育教学改革中，亟需对教学效益这一重点课题进行探讨，探讨时需要先清楚地认识与把握以下几点。

(1)我国幅员辽阔,各地经济发展存在差异性,民族文化丰富多彩。

(2)学生存在明显的个体差异,具体表现在身体条件、运动基础、兴趣爱好等方面。

(3)体育教学内容丰富多样,且有一定的可替代性。

基于上述认识,对有效体育教学模式进行精心设计和科学实施,使学生在自身原来的基础上获得最适合自己的进步和发展,这便是取得了良好的教学效益。

3. 重效果

由某种力量、做法或因素产生的好的结果就是效果,教学效果指的是教学活动取得的好的结果,判断效果好坏要以学生的学习进步与发展为重点考察内容。教师在教学活动中取得某种好的结果,达到某种预期的目的,满足了学生的某些需要,这样的教学活动才是积极有效的,取得良好的教学效果是有效教学的基本要求。

在有效教学活动的评价中,将“有效果”看作是第一维度已得到了普遍认可。学生在教学活动中获得了进步和发展就是“有效果”。学生进步和发展的概念比较笼统,在学生的发展中,不同课程起着不同的作用,发挥着不同的功能。因此,在设计和实施有效教学活动时,需从课程需要出发来对不同课程的教学有效性的本质内涵进行准确的把握。

体育教学效率、体育教学效益和体育教学效果之间存在着密切的联系,有效体育教学内涵的立体框架主要由这三者共同构成,不管是学生的进步与发展(如体质健康、运动技能、体育情意等方面),还是学生的学习收益,教学投入与学习收益之比总会从中体现出来。体育场馆设施建设、体育课时安排、师资资源配备,以及师生在教学中投入的时间、精力、努力都属于教学投入的范畴,而学生在体质健康、运动技能、体育文化素养等方面的积极变化体现了学生的学习收益情况。目前,从体育课程课时设置,学校体育中投入的人、财、物等资源来看，学生的体育学习收益与预期的效率还有一定的差距。因此，体育教学效率的问题在我国还需给予进一步的重视并积极加以改进。

体育教学模式的有效性集中体现在学生的进步与发展上，可以从体育学科特征、学生主体需求以及社会发展需要等多方面出发来理解，具体分析如下。

(1)体质方面的进步和发展

体育教学的本质追求主要体现在强身健体上，不管是过去、现在还是将来，这都是不会动摇的，对有效体育教学健身功能的强调在青少年学生体质持续下降的今天显得尤为重要。

(2)运动技能方面的进步和发展

在体育与健康课程教学中，不管是身心健康目标、社会适应目标，还是运动参与目标，都需要学生学习与掌握一定的运动技能才能实现，同时，学生的运动技能水平只有得到一定的提高，其体育兴趣才会进一步高涨，体育习惯才会持续保持，体育素养也才会不断提高。

(3)心理健康与社会适应能力方面的进步和发展

在培养学生心理品质、促进学生心理健康及提高学生社会适应能力方面，体育教学具有独特的优势，其在这些方面的作用是其他学科教学所无法企及的。

## 二、有效体育教学模式的构建步骤

体育教学模式的一般构建程序如图 5-34 所示。有效体育教学模式的构建可参考该程序中所示的几个环节，但因为有效教学的独特性，需在这一基础上进行适当的调整与完善，从而真正发挥有效教学模式的作用与价值，实现有效体育教学的目标，促进学生各方面的进步与发展。

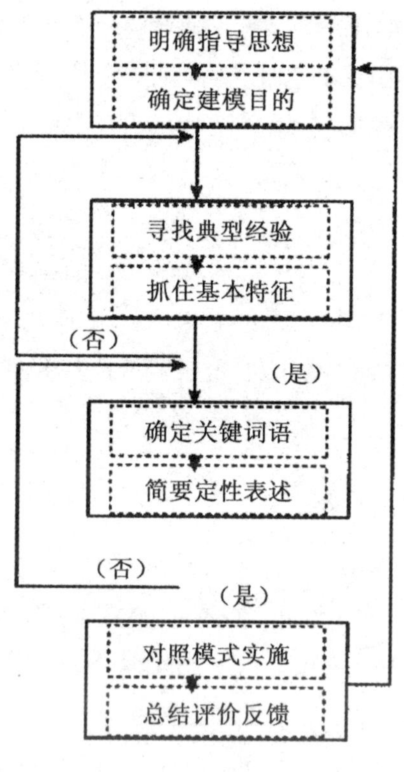


图 5-34

有效体育教学模式的构建包括下列几个重要的环节与步骤。

## （一）指导思想的确立

对有效体育教学模式进行构建的第一步是确立教学指导思想。我国体育课程教学自上世纪末以来一直都以“健康第一”作为教学指导思想。因此，在有效体育教学模式的构建中也应将此作为主要指导思想。在“健康第一”教学思想的指导下，要从单一的“生物体育观”过渡到“三维健康观”（身体、心理、社会适应）来设计新课程，对有效体育教学模式的创建要以新的健康观作为主要依据。

## （二）目标内涵的明晰

在体育新课程改革中，目标设置的地位非常重要，这从《体育与健康课程标准》实施建议中明确提出的“体现‘目标引领内容’

的思想”中能够体现出来。新课程确立了三级目标体系，分别是课程总目标、学习目标和水平目标，这是从学生全面发展的需求出发而确定的。在有效体育教学模式的创建中，要进一步明确这一目标体系的内涵，使体育教学模式的可操作性更强，与教学目标更相符。

需要注意的是，在有效体育教学中，学生的学习效果和收益是判断其学习目标实现程度的主要标准，确立学生的学习目标是将学生作为其学习行为的主体而进行的，在编制新课程目标体系时必须注意这一点。

### （三）教学情境的分析

体育教学活动是在各种不同的教学情境中组织实施的，教学情境对教学资源的依赖性非常强。体育教学情境是随着体育教学资源的不断丰富而趋于完善的，同时体育教学的有效性也会随着教学情境的日益完善而不断提高。

我国体育教学情境的差异性很大，这与我国地域辽阔、民族文化丰富、季节气候多样、地区教育发展不平衡等特征或现象有关。这些因素造成了我国体育教学情境的差异，因此在有效体育教学模式构建中必须对此进行准确分析，具体分析以下两方面的内容。

第一，学生的主体条件，如年龄特征、运动基础、学习需求等。

第二，教学的客观条件，如体育场馆设施、教学师资、校园体育文化等。

### （四）教学内容的编选

在体育教学中，教学目标的实现离不开体育教学内容这一重要载体，为了促进有效体育教学目标的顺利达成，必须注重对体育教学内容的恰当选编，选编中主要注意以下两方面。

第一，体育教学内容的可选择性非常广泛，竞技运动项目、新兴运动项目普遍受青少年学生喜爱，民族民间体育项目具有丰富的民族文化内涵，这些项目都是重要的选择对象。

第二，体育教学内容具有可替代性，这就大大扩展了体育教学活动的实施空间，具体的教学情境成为体育教师编选体育教学内容的主要依据。

总之，编选体育教学内容，要为学生的全面健康和未来有效发展而服务，健身性、趣味性、实效性是内容选择的几个重要标准。

### （五）运作程式的创设

体育教学过程中相对固定的运作程序和方式就是有效体育教学模式的运作程式，在有效体育教学模式的创建中，这是最具实践性的一个重要环节。科学开展该实践环节的工作对于促进体育教学效果的强化、体育教学效益的优化及体育教学效率的提高都具有重要意义。安排教学顺序、选用教学方法、设计教学手段、组织课堂教学等都是有效体育教学模式构建中创设运作程式环节的主要工作。

## 三、有效体育教学模式的运作程序

激趣导学、预热身心、技能学练、拓展提高、放松收课是组成有效体育教学模式的几个主要教学环节，也是有效教学模式的运作程序，这是有效体育教学中“重效果、好效益、高效率”的本质要求。在具体教学过程中，这几个环节可以适当调整，但要以教学目标、教学内容、学生需要等实际情况为依据而进行调整。

### （一）激趣导学

有效体育教学模式实施与运作的第一环节就是激趣导学，该环节的教学任务如下。

（1）明确学习目标。

（2）激发学生学习兴趣。

(3)引导学生积极有效学习。

(二)预热身心

这一环节主要是为学生的有效学习做好生理与心理上的充分准备,具体准备活动要依据教学内容、学生机体活动能力变化规律等情况而安排。

(三)技能学练

这一环节主要是教师指导学生体验与练习运动技能,使学生在反复练习与持续有效的学习中习得技能。

(四)拓展提高

拓展提高环节主要在课的后半部分安排,以身体练习为主,练习内容根据教学内容而定,旨在促进学生体能的发展、运动兴趣的提高及技能的熟练,达成预期的学习目标。

(五)放松收课

这一环节主要是促进学生身心恢复,教师在最后进行总结评价,并向学生明确提出课后学习要求。

## 四、有效体育教学模式实施的评价

(一)有效体育教学模式实施的评价原则

体育教学模式在实践中的实施效果如何,运作质量如何,需要通过评价来检验,实践检验是判断理论是否成功的必然路径,因此,建立与完善体育教学模式实施效果的评定机制非常有必要。如果经过评价与检验认为体育教学模式在实践中的实施取得了较好的效果,则认为该教学模式可取,如果实践中实施失败或效果不好,则需要对此进行认真反思、总结,及时反馈信息,重新修订与构建体育教学模式。

体育教学模式的评价具有一定的难度，主要以教学目标的达成程度来判断其在教学活动中实施的价值与效果，通过评价提供信息反馈，以促进下面教学过程的改进与优化，同时对被评价模式进行一定的资格证明。

在体育教学模式实施效果的评价中，一方面要收集前人的经验与理论；另一方面要对当前体育教学的特点及教学目标的实现程度进行重点考虑，将后者作为评价的主要出发点与依据，它们对评价的客观性、科学性有直接的决定性影响。若经过评价发现有的体育教学模式在经过实施后未能使预定的教学目标得以实现，那么认为该模式存在问题与不足之处；若体育教学模式实施后，教育目标成功达成，则在之后的教学中可以继续运用该模式。具体来说，评价体育教学模式的实施效果，需贯彻如下几条原则。

(1)评价必须包括体育教学所要达到的每项重要目标。

(2)评价必须能够为教师的传授提供便利，为学生的学习提供有利条件。

(3)定量评价与定性评价密切结合。

(4)评价与反馈机制密切联系。

(5)评价后需做好适于教学的记录。

### (二)有效体育教学模式实施评价的目标定位

将评价的基本原则确立后，应着手开展下一步的工作，即进行教学目标定位。不同的教学模式有不同的相对应的教学目标。体育教学模式的“二分法”将其划分为运动技能类教学模式和非运动技能类教学模式两种类型，前者将学习技能作为主要评价指标，后者将初步尝试与运动参与作为主要评价指标。这两类体育教学模式有一定的共同点，主要表现为学生在学习过程中都投入了一定的情感，并伴随一定的情绪体验，因此在教学模式评价中也应将情感目标融入其中，具体包括学生的学习态度、学习兴趣与积极性及学习体验。

因为在体育教学中并不是通过一节课或一周课就能达到“增强体质”的目标，所以“增强体质”既是一个隐目标，又是一项需要长期教学努力才能达成的任务，所以在体育教学模式评价中不对此作过多讨论。体育教学模式评价目标如图 5-35 所示。

- 体育教学模式评价目标
  - 运动技能类教学模式评价主要目标
    - 传统运动技能教学模式一级评价目标：运动技能目标、运动参与目标、身体健康目标
    - 启发式体育教学模式一级评价目标：运动技能目标、运动参与目标、情感体验目标、智力发展目标
    - 领会式教学模式一级评价目标：运动技能目标、运动参与目标、运动认知目标
    - 成功体育教学模式一级评价目标：运动技能目标、运动参与目标、个体情感体验目标、社会适应目标
    - 选择性式教学模式一级评价目标：专项运动技能目标、运动参与目标、身心健康
    - 小群体教学模式一级评价目标：运动技能目标、运动参与目标、合作学习目标、相互竞争能力目标、社会适应目标
  - 非运动技能类教学模式(介绍、尝试类教学模式)评价主要目标
    - 快乐体育教学模式一级评价目标：运动参与目标、情感体验、身体健康目标
    - 体育锻炼类教学模式一级评价目标：身体素质发展目标、运动参与目标
    - 情景式教学模式一级评价目标：运动参与目标、身体健康目标
    - 发展学生主动性教学模式一级评价目标：运动参与目标、参与教学能力目标、配合学习能力目标

图 5-35

## (三)有效体育教学模式实施的评价方法

体育教学模式实施效果的评价中有多级评价指标，不同指标对应的评价内容、评价方法各不相同。常见教学目标对应的评价方法见表 5-2。

表 5-2　有效体育教学模式实施效果的评价方法

| 目标指向 | 评价方法 |
| --- | --- |
| 认知目标 | 问卷法<br>测验作业法等 |
| 运动技术目标 | 观测技评法 |
| 情感目标、运动参与目标 | 教学观察法<br>谈话法<br>问卷调查法等 |

## 五、提高有效体育教学模式实施效果的建议

### (一)对“健康第一”的实质内涵进行深入理解,促进健康引领的价值观念的全程渗透

随着体育与健康课程的深入改革,人们从内心深处真正接受了“健康第一”的指导思想。但是对“健康第一”实质内涵的深入领会及在体育教学实践中真正落实该思想还需要经历一个长期的过程,简言之,这个过程可以概括为“内化为观念,外化为行为”,前者是前提,后者是关键。事实上,对有效体育教学模式的创建正是以“明确指导思想”作为逻辑起点的,而要使有效体育教学模式在教学实践中“真实地发生”,就要进行运作程式的创设,这是必要保证。

作为体育教学的实施者,体育教师只有对“健康第一”的实质内涵有了真正的理解,并将其内化为自己的观念,形成健康引领的教学价值观,才能在正确教学思想及价值观的指导下将有效体育教学模式真正落实。健康引领的教学价值观要求体育教学要真正发挥促进学生健康成长的作用,要求通过体育课程教学,使学生的体能得到发展,运动技能得到提高,健康和安全意识得以树立,良好的生活方式得以形成,总之要使学生获得全面协调的发展。

对学生体质健康水平予以关注的同时，兼顾学生心理素质的提升和社会适应能力的增强，这是有效体育教学在健康价值观引领下的基本追求。21世纪体育教学改革的一个重要表现就是体育教学观的变化，即由生物体育观过渡到"三维健康观"，只有将新的体育教学价值观真正渗透到体育课程教学的整个过程中，才能更好地实施有效体育教学模式。

### （二）对体育教学有效性的指标体系进行细化，将努力方向明确下来

体育课程改革的核心是体育教学改革，在我国体育课程的不断深入改革中，学界越来越关注体育教学的有效性改革，这已经成为一个热点课题及焦点问题了，有些地方甚至在努力探索高效课堂教学，并在积极做一些尝试。我们必须清楚地认识到，我国体育教学的有效性较弱，这是一个重要的现实教育问题，不容回避，也不容忽视。导致这一问题出现的主要外部环境因素是学校体育"说起来重要，做起来次要，忙起来不要"，除了这些外部因素外，还有一个比较重要的因素就是目前还未明确体育教学有效性的指标体系。

我们可以从效果、效益、效率三个方面探讨体育教学有效性的指标体系。

(1)学生在体育教学中，学习方面（身心健康、运动参与、运动技能、社会适应等）发生的积极变化就是体育教学的效果。体育教学计划（体育学年教学计划、单元教学计划、课时教学计划等）中的学习目标体现了学生在学习方面的变化。

(2)具有鲜明相对性的体育教学效益要求体育教师对教学内容的价值（促进学生健康和未来发展）认真进行审视，对有益于促进学生全面发展的教学内容要精挑细选。

(3)"以身体练习为主要手段"是体育课程教学的性质，该性质及体育教学效率共同要求将体育课堂教学中的练习密度尽可能提高，从而促进学生体能发展、运动技能提高、心理品质提升和社会适应能力增强。

### (三)营造轻松愉悦的体育学习氛围,激发学生的主体参与意识

在实施有效体育教学模式的整个过程中都要将学生的主体地位重视起来,对体育教学的有效性进行衡量,要看学生通过体育学习是否取得了进步和发展,这些进步对学生健康发展是否具有实际意义,学生的学习投入与其取得的进步和发展是否成正比。如果在体育教学中教师十分敬业、学生认真学习,但最终学生并没有获得明显的学习成效,那这样的体育教学就是低效教学,如果学生一点收获都没有,就是无效教学。学习收益的大小与学生的主体参与意识有很大的关系,否则教师教得再好也"无力回天"。因此,充分激发学生的主体参与意识是有效体育教学模式实施的关键。而营造积极的体育学习氛围是激发学生主体参与积极性的关键。

罗杰斯(著名心理学家)从心理学角度指出,尊重、关注和接纳,真实或真诚,移情性理解是促进学生学习的三个重要因素。[①]这就要求教师对待每一位学生都要真诚,对学生的情感和意见要充分尊重,对学生的各方面都要关心,对学生的学习情况要及时了解,要为学生创建轻松愉悦的学习氛围。从现代的角度来解读"亲其师信其道"这句古训,其实就是营造积极学习氛围的意思,促进体育教学有效性的提高要求营造有趣的学习氛围。

此外,为激发学生的主体参与性,还应对体育学习评价的方式加以巧妙运用,发挥教学评价的激励功能,这就要求体育教师在教学中树立赏识教育观,善于发现与肯定学生的长处与优点,及时表扬学生的进步。教师真诚地表扬学生可使学生的学习动机得到进一步的强化。

### (四)优化教师的教学行为,加强有效指导

实践表明,制约体育教学有效实施的因素主要有以下几点。

---

① 张细谦.有效体育教学模式的创建与实施[J].广州体育学院学报,2015(01).

(1)体育教学材料不充分或陈旧过时。

(2)班级规模过大,为教学增加了难度。

(3)教师的数量、质量、态度及能力问题等。

以上几个障碍因素中,教师队伍因素的影响在很大程度上占主导,该因素对教学的有效实施具有决定性作用。因此,促进体育教师教学行为的优化可从很大程度上促进体育课程的有效实施。

体育教师需从以下几方面着手来优化自己的教学行为,同时促进有效体育教学模式的实施。

第一,清晰授课:清晰讲解、准确示范等。

第二,多样化教学:教学内容、教学形式的多样化。

第三,任务导向:结合教学任务设计课堂教学,强化学习效果。

第四,引导学生投入到学习过程:适当增加学生自主学练的时间。

第五,确保学生成功率:科学选用教学策略,促进学生练习完成率、准确率的提高。

# 第六章　现代体育教学的设计理论

体育教学设计是现代体育教学系统中很重要的一环，是运用系统、科学的方法发现、分析、解决体育教学中的问题，从而实现体育教学效果最优化的过程。科学而有效地进行体育教学设计，并结合实际教学情况实施教学方案，将对体育教学质量的提高产生积极的影响。本章主要就现代体育教学的设计理论及实施进行研究，主要包括体育教学设计分析，体育教学目标、策略、媒体以及方案的设计等内容，对这些内容的研究能够为现代体育教学设计提供理论与方法指导。

## 第一节　体育教学设计分析

### 一、体育教学设计的概念

体育教学设计是指以体育专业理论（运动人体科学的基础理论、体育心理学、体育教学论等）以及学习理论、传播理论、教学媒体理论等相关的理论与技术为基础，运用系统方法分析体育教学问题、确定体育教学目标、设计解决体育教学问题的策略、试行方案、评价结果和修改方案的系统化计划过程。[①]

① 关北光，毛加宁．体育教学设计[M]．成都：西南交通大学出版社，2016.

## 二、体育教学设计的背景分析

### (一)体育学习需要分析

学生目前的学习情况(主要指成绩)和体育教学目标(预期达到的学习效果)之间客观存在的差距就是体育学习需要,如图 6-1 所示。

期望达到的体育学习状况 - 目前的体育学习状况 = 差距(体育学习需要)

图 6-1

在体育学习需要分析中,主要是对“有意义学习需要”进行分析,其具体包括图 6-2 中所示的几个条件,该理论是由美国著名的教育心理学家 R. E. 梅耶提出的。

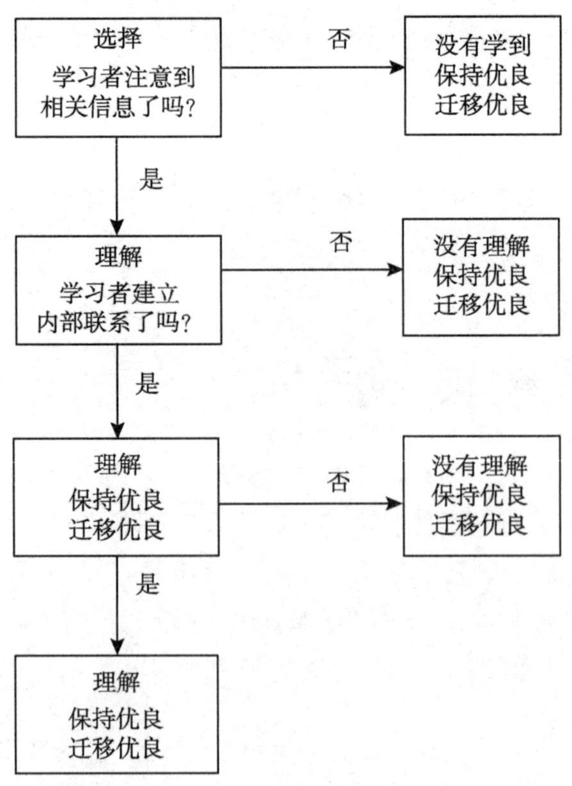


图 6-2

对体育学习需要的分析要做到具体、全面，具体可参考图6-3所示的内容及步骤。

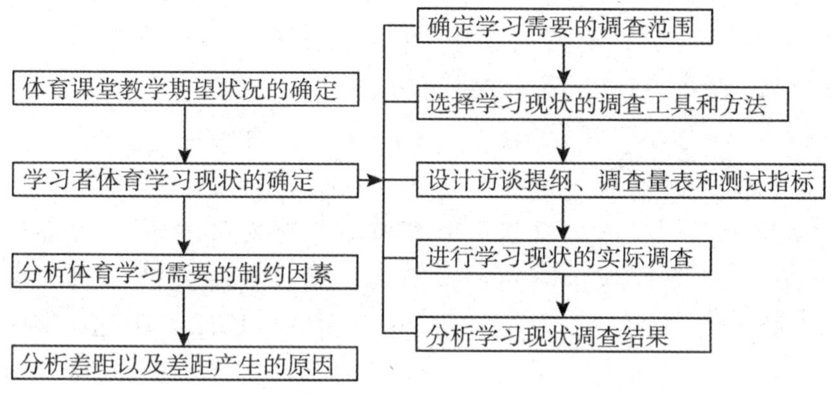


图 6-3

## (二)体育学习内容分析

体育学习内容分析主要从以下几方面进行。

(1)分析体育学习内容的文化背景。

(2)分析体育学习内容的功能。

(3)分析体育学习内容的特点、优点及局限性。

(4)分析体育教材的适应性。

(5)分析体育教材的时代性。

## (三)体育学习者分析

对体育学习者的分析也就是对学生自身特点及学习情况的分析，主要包括一般特点、学习风格和起点能力三方面的内容(图6-4)。

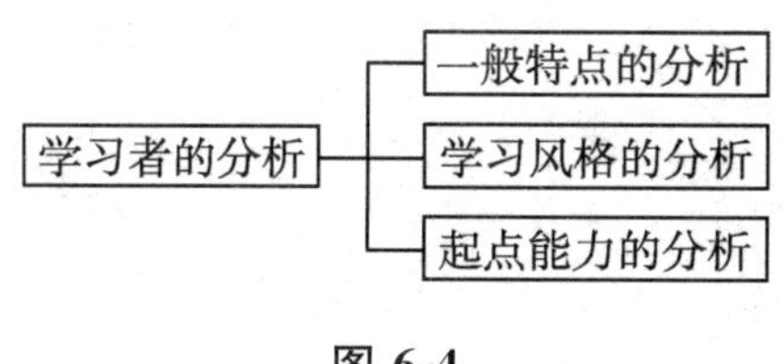


图 6-4

### (四)体育学习任务分析

体育学习任务分析对体育教师的专业知识、专业技能、教学设计素养等提出了较高的要求,可见这一环节至关重要,极具专业性。教师可采取以下方法进行分析。

#### 1. 归类分析法

运用这一方法时,要基于体育教学目标对体育教学内容进行科学分类,从而构建相应的知识结构体系。在陈述性知识的学习任务分析中采用该方法可取得良好的效果。具体应用如图 6-5 所示(以武术基本功为例)。

武术基本功练习

| 上肢练习 | 下肢练习 | 腰部练习 | 跳跃练习 | 平衡练习 |
|---|---|---|---|---|
| ↓ | ↓ | ↓ | ↓ | ↓ |
| 手型 | 步型 | 甩腰 | 大跃步前穿 | 提膝平衡 |
| 手法 | 步法 | 涮腰 | 腾空飞腿 | 探海平衡 |
| 压肩 | 压腿 | 下腰 | 旋风腿 | 燕式平衡 |
| 抡臂 | 踢腿 | 翻腰 | 腾空摆莲 | 望月平衡 |

**图 6-5**

#### 2. 程序性任务分析法

本质上来说,程序性任务分析法是一种心理操作过程,主要用来描述目标行为对应的心理过程,适用于技能类知识的学习任务分析。具体应用如图 6-6 所示(以篮球"长传快攻"为例)。

#### 3. 层级分析法

在体育教学中,学生所学的知识和技能是有层次之分的,掌握不同层次的知识与技能是为了达到不同层次的目标,层级分析法揭露了这一规律,该方法适用于动作技能类教学内容的学习任务分析。具体应用如图 6-7 所示(以行进间运球三步上篮为例)。

后场得球
无
前场是否有人
有
否
是否本方队员
是
否
同伴能否接住传球
能
否
能否传球到位
能
长传快攻
自己控球或短传
行进间运球三步上篮
执行子程序
行进间运球
持球跨二步起跳
腾空投篮
执行子程序
执行子程序
原地运球
跑动
执行子程序
跨二步单脚起跳
腾空高手投篮
腾空低手投篮
执行子程序
原地投篮

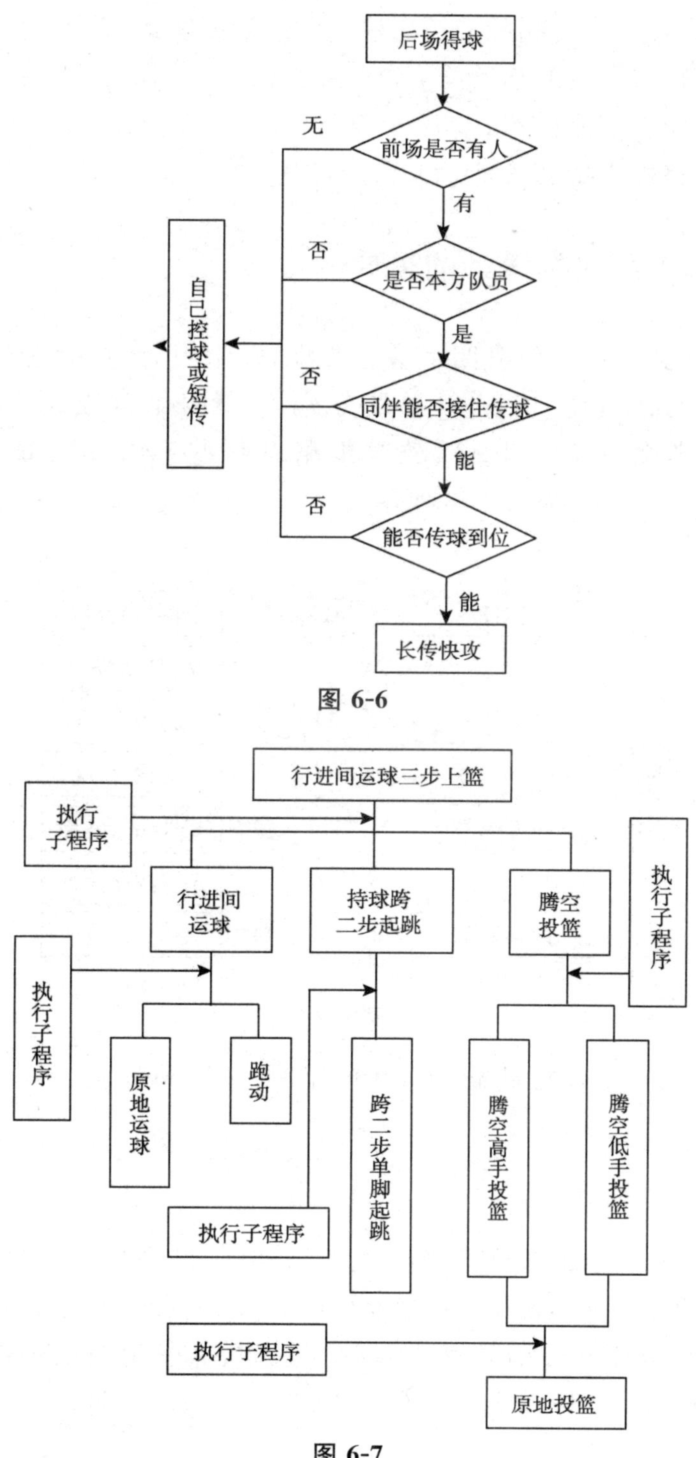

图 6-6

图 6-7

不管采用上述哪种分析方法，都要按以下步骤进行分析。

（1）确定学生的起始能力。

（2）分析使能目标。

（3）分析支持性条件。

## 三、体育教学设计的模式

体育教学设计包含四个基本要素，即学习者、目标内容、教学策略、教学评价。这四个要素分别对应四个问题，即针对谁（who）、学会什么（what）、教学策略有哪些（which）、效果如何（what），基本结构如图 6-8 所示。

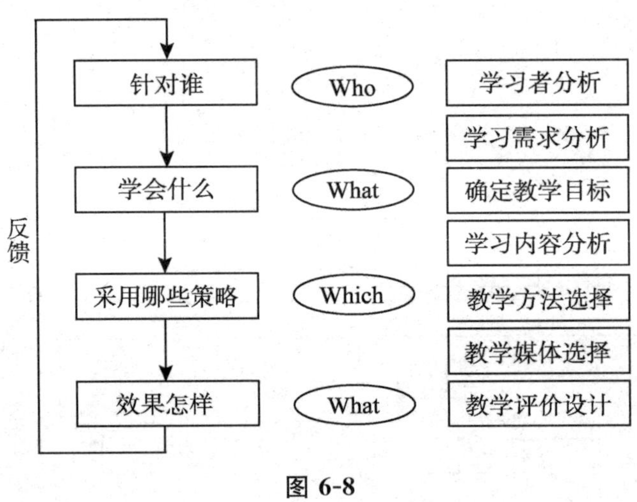


图 6-8

在上述结构的基础上，出现了以下几种较为常见的设计模式。

（一）乔纳森模式

图 6-9 所示的是乔纳森模式的结构图，该图反映了乔纳森模式包含 6 个基本要素，这些要素从内到外（问题→社会背景支持）对应的教学环节分别是学习主题的确定、教学情境的创设、信息资源的设计、自主学习的安排、协作学习环境的设计、环境条件支持的获取。

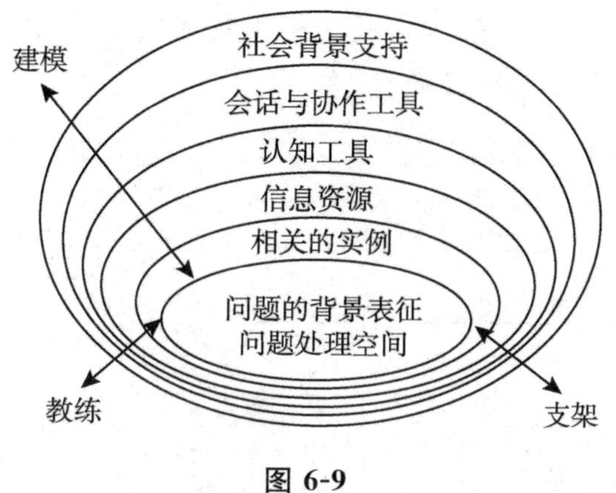


图 6-9

最里面的“问题”是该模式的核心要素，在该模式的具体实施中，主要围绕这一要素来设计整个教学方案。

（二）迪克·凯瑞模式

迪克·凯瑞模式的完整结构如图 6-10 所示，由图可知该模式包含的基本设计环节共 9 个，整个过程以教学需要为依据而展开。我们可以用确立教学目标、选择教学策略及实施教学评价三个大步骤来概括这些具体设计环节与要素。

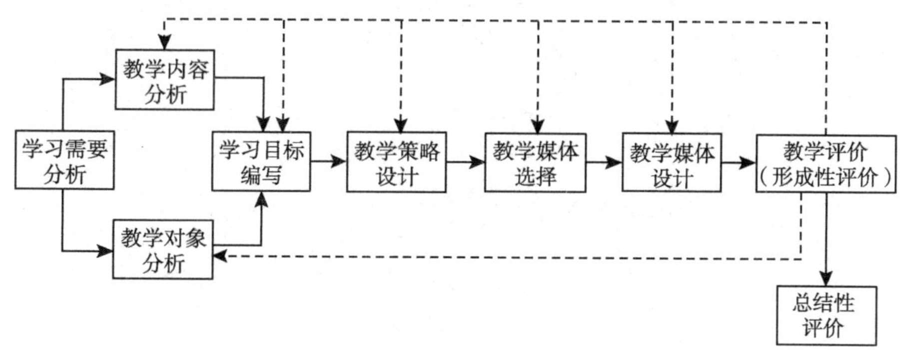


图 6-10

（三）ASSURE 模式

从图 6-11 所示的 ASSURE 模式的结构图来看，这一设计模式主要由 6 个环节构成，分别是分析学习者；陈述教学目标；选择教学方法、媒体和材料；要求学习者参与；评价与修正。图中还显示了每个环节的英文表达方式，将每个环节对应的英文的首字母相结合，就构成了该模式的名称。

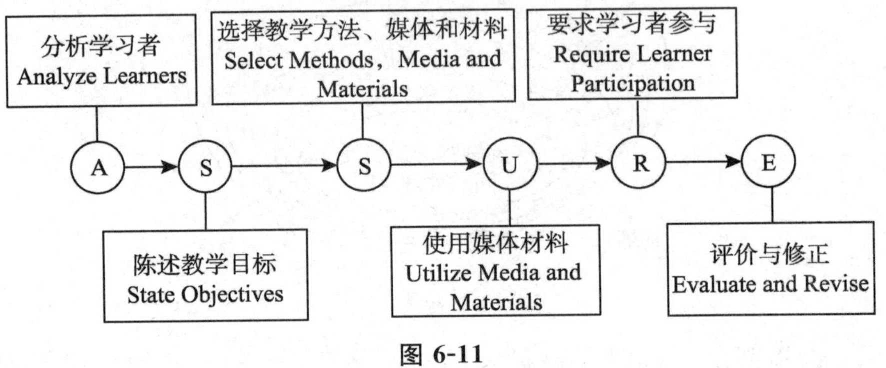


图 6-11

(四)肯普模式

肯普指出，教学目标、学习者特征、教学资源及教学评价这四个要素构成了完整的教学系统，这些要素所涉及的具体教学环节如图 6-12 所示，即图中小椭圆形表示的 10 个环节，开展这些环节的工作，主要是为了解决下列三个问题。

(1)学习者需要和应该学到什么。

(2)教师应如何“教”，学生如何“学”才能实现教学目标。

(3)评价预期教学效果。

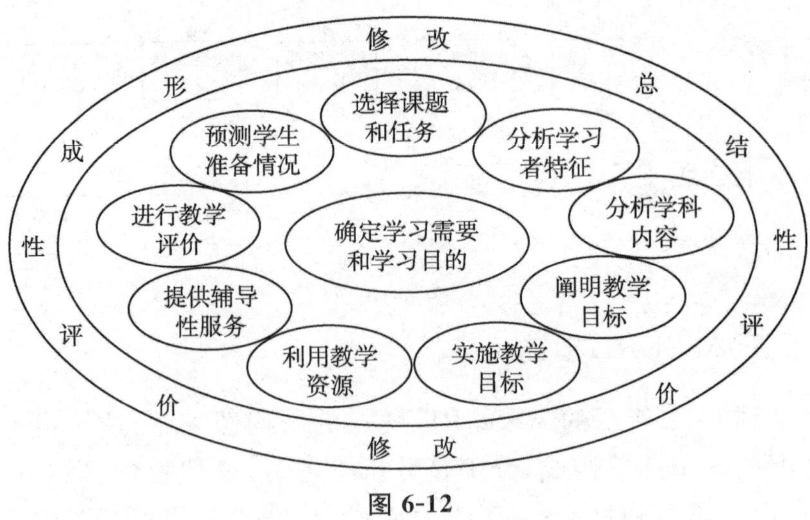


图 6-12

## (五)史密斯·瑞根模式

图 6-13 所示的是史密斯·瑞根模式的完整结构,该模式主要包括教学分析、策略设计、教学评价三大步,其中每一大步又包含一些具体的环节。需要注意的是,在该模式中,教学策略设计是重点,这也是这一设计模式的主要特点。

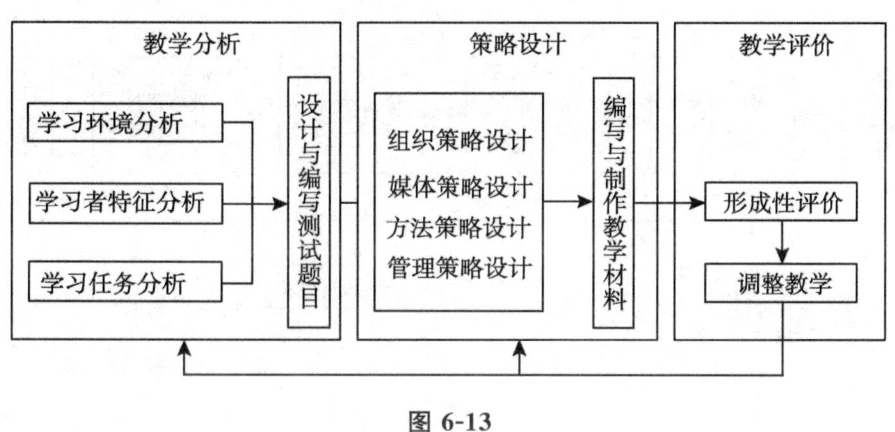


图 6-13

## (六)"四阶段"设计模式

上面提到的设计模式都是由国外学者提出的,而且这些模式大都可以概括为分析、设计和评价三个环节。我国学者在借鉴这些研究成果的基础上,结合我国体育教学情况,提出了包括设计分析阶段、选择决策阶段、设计发展阶段及修改评价阶段的"四阶段"设计模式,如图 6-14 所示,这反映了我国学者在教学设计方面的基本思想。

### 1. 分析阶段

准确分析与把握学习背景、学习任务以及学习者。

### 2. 选择决策阶段

需要作出选择与决策的内容有教学信息资源、教学媒体、教学模式以及设计方法。

3. 发展阶段

将有价值的、可行的产品创造性地设计出来。

4. 评价阶段

评价和修改整个教学设计。

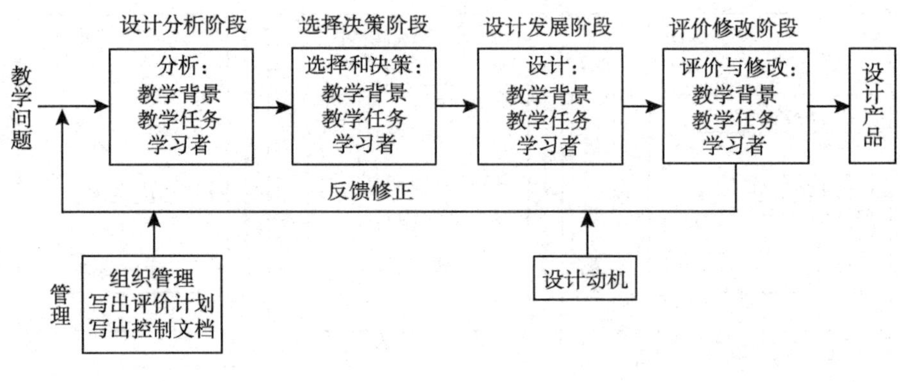


图 6-14

## 四、体育教学设计的程序

体育教学模式设计的程序是体育教学设计步骤与结构的体现，在设计程序的构建中，应以系统分析为基础，以体育教学设计模式为基本框架，同时还要注意与体育教学设计本身的特点相结合。体育教学设计的一般程序如图 6-15 所示，大致包括分析、设计和评价三个环节。

体育教学设计程序中的三个环节是密切衔接，相互支持，缺一不可的。其中分析是基础，为设计提供依据；而分析环节的实现又要依托设计环节；分析和设计环节的实施情况如何，要由评价环节来检验，通过评价获取反馈信息，然后对前两个环节进行改进。只有将各个环节的工作做好，同时相互之间协调好，才能使体育教学设计的功能得到充分发挥。

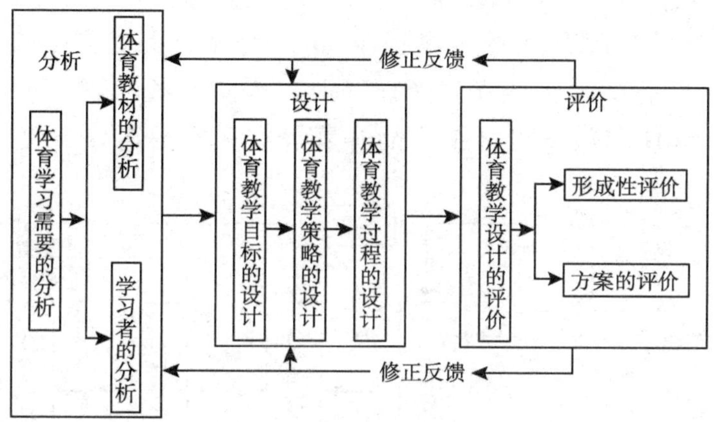


图 6-15

体育教学系统是由两个子系统构成的，即教的系统和学的系统。它们又各自包含许多重要的因素，如图 6-16 所示。

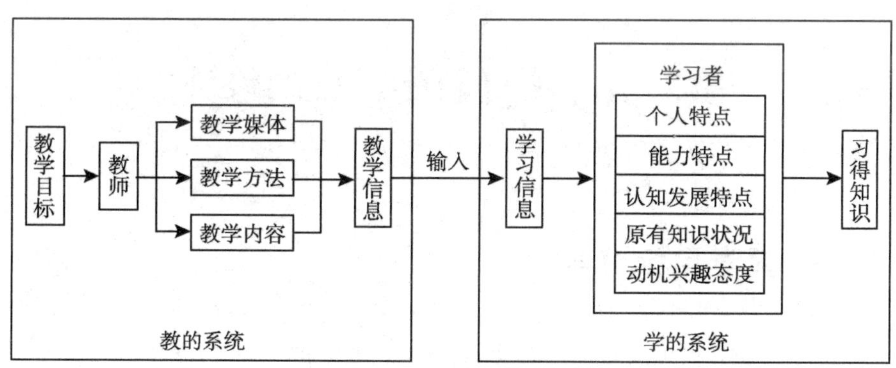


图 6-16

基于上述认识，我们必须着眼于体育教学系统的整体功能来进行体育教学设计，并在设计过程中明确以下几个问题。

(1)学习者有什么特点。

(2)预期教学目标是什么。

(3)有哪些教学资源及采用什么教学策略。

(4)如何评价及通过反馈进行修改。

不同教师对这几个基本问题有不同的处理方式，因此在教学设计中采用的步骤和方法也就不同，我国一些学者基于这几个问题构建了图 6-17 所示的方案程序，这一程序与上述程序的结构大致相同，只是在设计环节上稍有区别。这两个教学程序有异曲同工之妙，对体育教学设计工作的开展都有重要的指导意义。

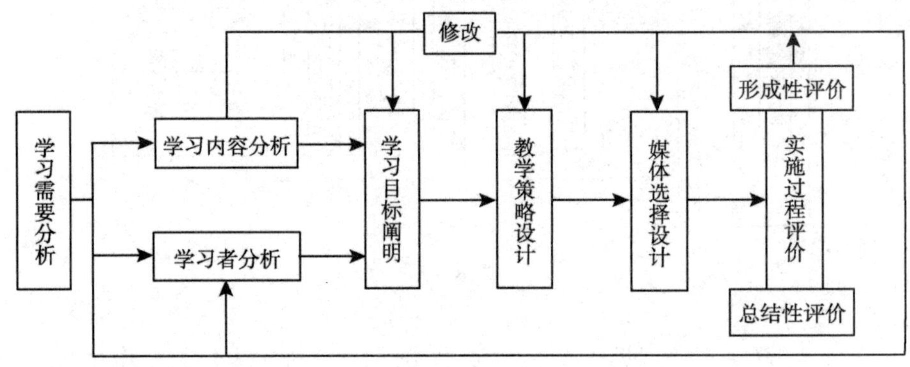


图 6-17

# 第二节　体育教学目标的设计

## 一、教学目标分类

体育教学目标的分类可参考教学目标的分类方法，教学目标主要有认知领域的教学目标，情感领域的教学目标及动作技能领域的教学目标，不同领域的教学目标中又包含不同级别的小目标，下面进行简要说明。

### (一)认知领域的教学目标

认知领域的教学目标从知识到评价，由低到高包含 6 个不同的级别，如图 6-18 所示，这一理论由卢姆等人提出。

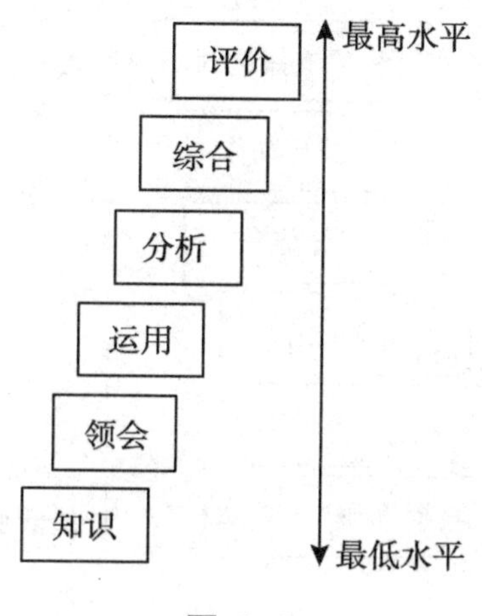


图 6-18

安德森等人对卢姆等人提出的上述分类体系重新进行了修订，主要从知识和认知过程两个维度来重新认识认知领域的教育目标，这两个维度各自包含的子目标见表 6-1。

表 6-1 认知领域教育目标二维分类体系

| 知识维度 | 认知过程维度 | | | | | |
|---|---|---|---|---|---|---|
| | 记忆 | 理解 | 应用 | 分析 | 评价 | 创造 |
| 事实性知识 | | | | | | |
| 概念性知识 | | | | | | |
| 程序性知识 | | | | | | |
| 元认知知识 | | | | | | |

## (二)动作技能领域的教学目标

运动技能领域的教学目标从反射动作到有意沟通，从低到高共有 6 个级别，如图 6-19 所示，这是哈罗等人提出的观点，级别越高，复杂度也就越高。

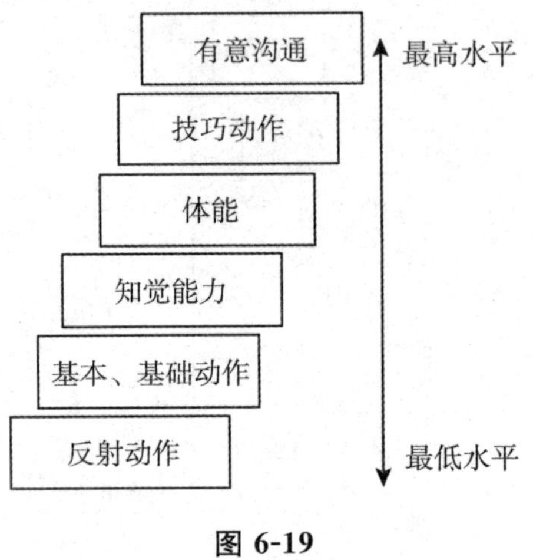


图 6-19

### (三)情感领域的教学目标

情感领域的教学目标从接受到价值的性格化,从低到高包括5个级别,如图6-20所示。级别越高,价值内化程度就越高。

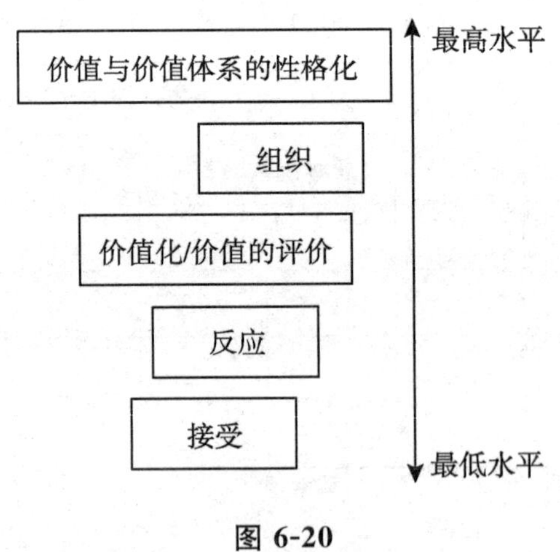


图 6-20

## 二、体育教学目标的设计要求与步骤

### (一)体育教学目标设计的基本要求

在体育教学目标设计中,要达到以下几点基本要求。

(1)体育教学目标设计的连续性要求。

(2)体育教学目标设计的层次性要求。

(3)体育教学目标设计的可操作性要求。

### (二)体育教学目标设计的步骤

凯普指出,体育教学目标设计的一般过程包含以下 6 个环节与步骤。

#### 1. 确定目的

具有抽象性且包含多方面内容的目的,能够为教学目标的设计指明方向。

#### 2. 建立目标

明确选择目的中的一个具体方面,围绕这一方面对一系列的教学目标进行建立。

#### 3. 提炼目标

划分教学目标的类型,去掉重复的目标,对相似的目标进行整合,使学习目标从模糊变得具体。

#### 4. 排列目标

按照目标的先后顺序、重要程序等标准对其进行排序。

#### 5. 再次提炼目标

从实际情况出发对目标存在的价值再次进行确定,然后做出相应的取舍与选择。

#### 6. 最后排列

整体上对目标进行最后的周密排列,然后开始实施,付诸实践。

## 三、体育教学目标的设计模型

从体育教学原理出发对体育教学目标模型进行编制，能够为体育教师更好地开展教学工作提供帮助，所编制的模型要对所有体育教学内容具有普适性，具有简洁性和可操作性，模型中要体现出体育教学所要达到的预期境界。常见的体育教学目标设计模型见表 6-2、表 6-3 和表 6-4。

**表 6-2　体育教学目标设计模型 1**

<table>
<tr><td rowspan="4">课题</td><td colspan="6">教学内容</td><td colspan="6">学习水平</td><td rowspan="4">教学目标</td></tr>
<tr><td rowspan="3">知识点</td><td colspan="5">构成</td><td rowspan="3">识记</td><td rowspan="3">理解</td><td rowspan="3">应用</td><td rowspan="3">分析</td><td rowspan="3">综合</td><td rowspan="3">评价</td></tr>
<tr><td colspan="3">知识</td><td colspan="2">能力</td></tr>
<tr><td>事实</td><td>概念</td><td>原理</td><td>观察</td><td>推理</td></tr>
</table>

**表 6-3　体育教学目标设计模型 2**

<table>
<tr><td rowspan="2">课题</td><td rowspan="2" colspan="2">教学内容</td><td colspan="5">学习水平</td><td rowspan="2">教学目标</td></tr>
<tr><td>识记</td><td>理解</td><td>应用</td><td>接受</td><td>反应</td></tr>
<tr><td></td><td>1</td><td></td><td></td><td></td><td></td><td></td><td></td><td></td></tr>
<tr><td></td><td>2</td><td></td><td></td><td></td><td></td><td></td><td></td><td></td></tr>
<tr><td></td><td>3</td><td></td><td></td><td></td><td></td><td></td><td></td><td></td></tr>
<tr><td></td><td>4</td><td></td><td></td><td></td><td></td><td></td><td></td><td></td></tr>
</table>

**表 6-4　体育教学目标设计模型 3**

<table>
<tr><td rowspan="3">课题</td><td colspan="4">知识</td><td colspan="3">观察实验操作</td><td rowspan="3">学习目标</td></tr>
<tr><td rowspan="2">知识点</td><td colspan="3">学习水平</td><td>项目</td><td colspan="2">学习水平</td></tr>
<tr><td>识记</td><td>理解</td><td>应用</td><td></td><td>初步学会</td><td>学会</td></tr>
<tr><td></td><td></td><td></td><td></td><td></td><td></td><td></td><td></td><td></td></tr>
</table>

# 第三节　体育教学策略的设计

## 一、体育教学策略简述

体育教学策略是为完成特定体育教学任务或体育教学目标而采取的途径、方法和手段的行为和认知取向，通常表现为一系列步骤或一系列行为。[①]

体育教学策略包含很多内容，如监控策略、判断策略等，这些内容之间形成了密切的关系，为对体育教学策略的内部结构及结构要素之间的关系进行进一步的认识与理解，可以运用信息加工心理学理论来进行考察，如图 6-21 所示。

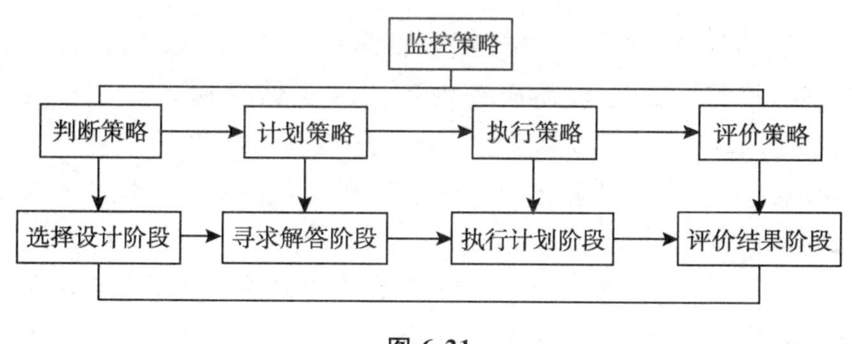


图 6-21

## 二、体育教学策略设计的内容

### (一)体育教学组织形式的设计

班级授课是体育教学活动开展的基本单位。学生学习与掌

① 张振华.体育教学理论与方法[M].北京：北京师范大学出版社，2016.

握体育教学内容需要经过感知、理解与巩固等几个密切衔接的阶段与环节，有些教学内容分量多、难度大，如果依然采用集体授课的形式，则在单位时间内很难完成这些内容的传授，学生也难以有收获，此时需要建立一系列“组”，由这些小单位来共同完成任务，每一组承担不同的任务，如复习教材、巩固动作，学习新教材、感知新动作等。这对体育课教学的组织形式提出了新的要求，分组教学、不分组教学以及个别化教学等几种教学组成形式在这一背景下应运而生。其中分组教学又可具体分为几种不同的结构形式，如不同组数的轮换、分组不轮换等。在教学中具体采用哪种组织形式，要视每节课的教学任务、内容特点和教学条件等具体情况而定，所选的组织形式要能够保证达到预期的教学目标，要便于课堂教学中的纪律管理，要能够有利于培养学生的综合素质。

下面具体分析常见的三种教学组织形式。

1. 不分组教学形式

复习旧内容，学习新内容，掌握体育知识、运动技能，增强体质健康，培养良好心理品质等内容构成了体育课教学的任务体系。在体育教学中，如果学生人数、教学设施等教学条件能够满足完成这些教学任务的要求，则不需要分组，采用集体的不分组形式就可以。

在不分组的教学中，教师与学生正面接触，教师将有限的课堂时间利用起来集中对全体学生展开教学，全体学生共同接受内容信息，接受教育指导，这样课的密度、运动负荷都得到了保证，学生可以整体地、综合地获得学习内容。分组教学中教师缺离的问题在这种教学组织形式中得到了避免。

2. 分组教学形式

学生人数过多，教学条件不完善，这些都会影响教学任务在有限时间内的顺利完成，这时就需要对学生进行分组，采用分组教学方式来组织教学。将所有学生分成几组，把哪些学生分为一组，这要视班级人数、教学需要及学生的个体情况（性别、体育基础等）而定。

一般教师先将班级学生分成男生与女生两个大组，然后再对男生与女生分别进行分组。有些学校上体育课时就已经把男、女生分开了，此时可直接按学生的个人情况与条件对其进行分组。在体育教学中采用分组的方法，能够进一步贯彻因材施教和区别对待的教学原则，能够使所有学生都得到针对性的发展，都在自己原有的基础上获得进步，最终促进课堂教学任务的顺利完成和教学目标的实现。

分组教学形式有两种具体的实施方法，即分组基础上的轮换和不轮换。

(1)分组轮换

将学生分组后，各组学生在教师的指导下分别对不同性质的学习内容加以学习，到预定时间后，各组按顺序轮换继续学习其他教材内容，这就是分组轮换。分组轮换教学有利于促进体育课教学质量的不断提高。

教师采用这一形式组织教学时，需注意以下几点。

第一，对轮换顺序进行安排时，对女生组和体弱组要给予特别的照顾，为其提供良好的学习条件。

第二，对于被分到学习新教材内容的小组，教师要集中主要力量来指导，但同时也要对被分到复习旧教材内容的小组学生进行适当的照顾。

第三，做好组织工作。若场地器材不足，则增加练习次数。

第四，鼓励体育骨干发挥作用。

分组轮换具体有“两组一次轮换”“三组两次轮换”“四组三次轮换”等多种形式，具体分析如下。

①两组一次等时轮换

按照一定的标准将班级学生分成两个大组，课中只进行一次等时轮换，即两组相互交换学习内容。班级人数较少、旧内容复习起来较为复杂、新教材比较难时，为了使学生能够多多练习，可采用这一轮换形式。

该形式的具体运用如图 6-22 所示。

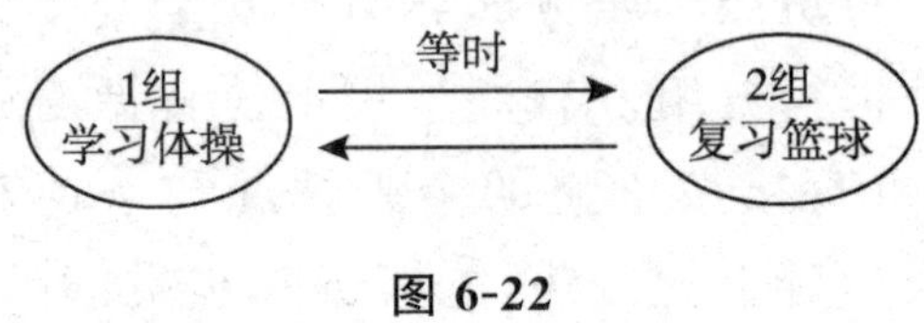


图 6-22

②三组两次等时轮换

按照一定的标准将班级学生分成三个大组，课中轮换两次，交换学习内容。班级学生较多、器材有限、复习教材比较简单、新授教材没有明显难度时适合采用这一方式。

该形式的具体运用如图 6-23 所示。

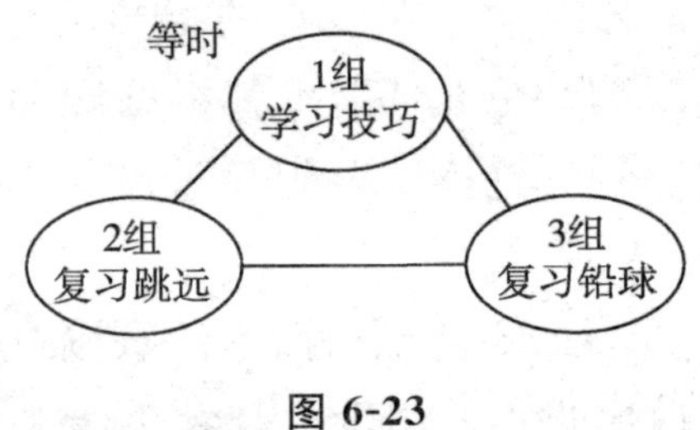


图 6-23

③四组三次等时轮换

按照一定的标准将学生分成四个不同的组，课中轮换三次，交换学习内容。新教材比较难，而学生基本掌握复习教材内容时可采用这一方式。

该形式的具体运用如图 6-24 所示。

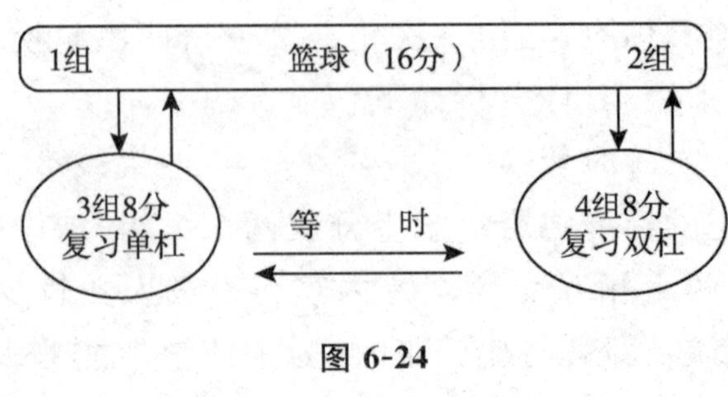


图 6-24

(2)分组不轮换

分组轮换的问题在于教师对学生的全面指导有一定难度,教材顺序不容易安排好,运动负荷要实现逐步上升有难度。因此,可考虑采用分组不轮换的方式。

按照一定的标准把学生分成若干组,教师统一指导学生学习已经安排好顺序的教学内容,这就是分组不轮换。学生人数少,教学场地设施充足时适合采用该方法。这有利于教师对学生的全面指导,有利于实现运动负荷的逐步上升,促进练习密度的增加。

在体育教学中,如果遇到教材的运动负荷有明显差别,场地器材条件严重限制教学活动的顺利开展等问题时,教师可将分组轮换与不轮换两种形式结合起来使用,取长补短。教师先将学生分成若干不同的小组,先集体后分组进行练习,或先分组后集体练习,从而对运动负荷进行更合理的安排。

分组轮换与不轮换相结合的运用如图 6-25 所示。

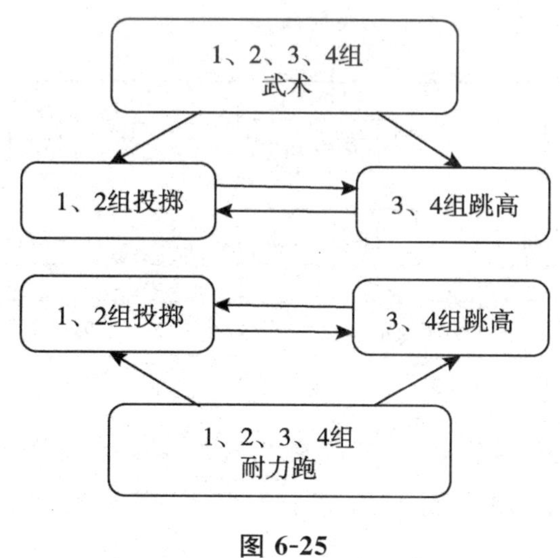


图 6-25

3. 个别化教学形式

体育教学中有很多不同的学习方式,不同学生采用这些学习方式时存在明显的差异。要想获得最好的教学效果,必须指导学生运用最适合自己的学习方式,教师所采用的教学方法也必须是最适合学生特质的，这是因材施教及个体化教学理念的基本要求。

个别化教学源于同步教学，是指由于学习方式存在个体差异，教师根据个别学生的能力设定教学方式，予以个别化指导。正如马克思曾说，由于社会性是人的发展目标，每个人的自由发展是一切人自由发展的条件。如当学生通过个别化学习缩小了差距，必须回归集体的同步学习。① 采用个别化组织形式组织教学活动时，可以按学生的学习能力进行分组，也可进行分层教学。

## （二）体育教学方法的设计

为了便于学生全面掌握不同的知识，有关学者从认知心理学的角度出发将教材知识划分为陈述性知识、程序性知识和策略性知识三种类型。如图 6-26 所示。

陈述性知识一般指理论知识；程序性知识一般指动作技能；策略性知识主要是使用前两种知识去学习和解决问题的方法。

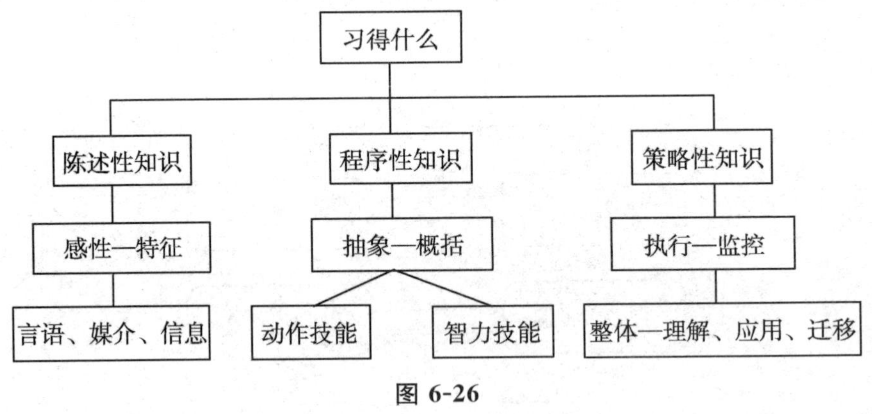


图 6-26

体育教学中的知识也可以分为这三种类型，在教学方法设计中要针对不同的知识而有所区分。下面简要说明这三种知识对应的教学方法。

### 1. 陈述性知识的教法设计

针对体育教学中的陈述性知识，主要采用讲解与示范的方法

① 张振华. 体育教学理论与方法[M]. 北京：北京师范大学出版社，2016.

进行教学，教学过程中要发挥教师的主导作用，帮助学生在大脑中构造知识为中心的任务，为学生提供支持“概念”的多样认知条件，并进行教学提示，最好是边示范边讲解。

2. 程序性知识的教法设计

在技能为主的程序性知识的教学中，设计与选用教学方法需从以下几方面出发。

(1)明确学习目标。

(2)科学选用整体练习与分解练习。

(3)合理安排分散学习与集中学习。

(4)善于利用反馈信息。

由于程序性知识主要指运动技能，因此在教学中经常采用示范与练习的方法。在练习中，除了重复练习、循环练习等一般的方法外，还有一些比较实用的练习方法，包括以下几种。

(1)着眼于理解的练习。

(2)归纳性练习。

(3)运用性练习。

(4)迁移性练习。

(5)巩固性练习。

在示范教学与练习中，分别可以参考图 6-27 和图 6-28 所示的流程图，这是体育教学过程的设计。

3. 策略性知识的教法设计

体育教学中针对策略性知识的教法设计及选用，应考虑以下几点。

(1)及时复习。

(2)合理分配复习时间。

(3)复习与情境条件相结合。

(4)复习方式多样化。

在考虑上述要求的前提下，可具体采用以下几种教学方法。

(1)程序教学法。
(2)合作学习法。
(3)样例教学法。
(4)同伴合作辅导法。
(5)先存概念学习策略法。
(6)支架教学法。
(7)学习成果分享法。

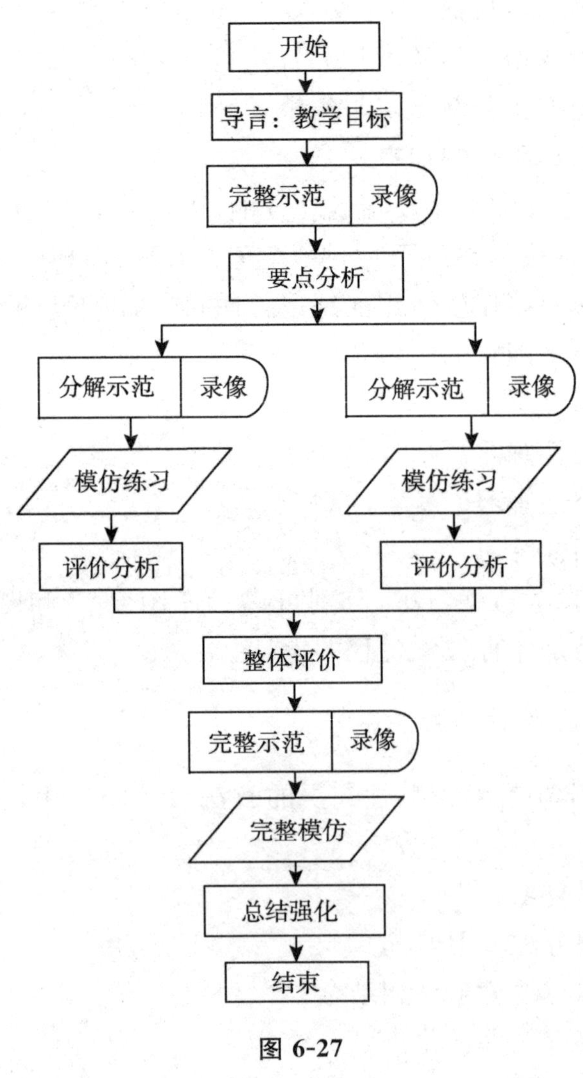


图 6-27

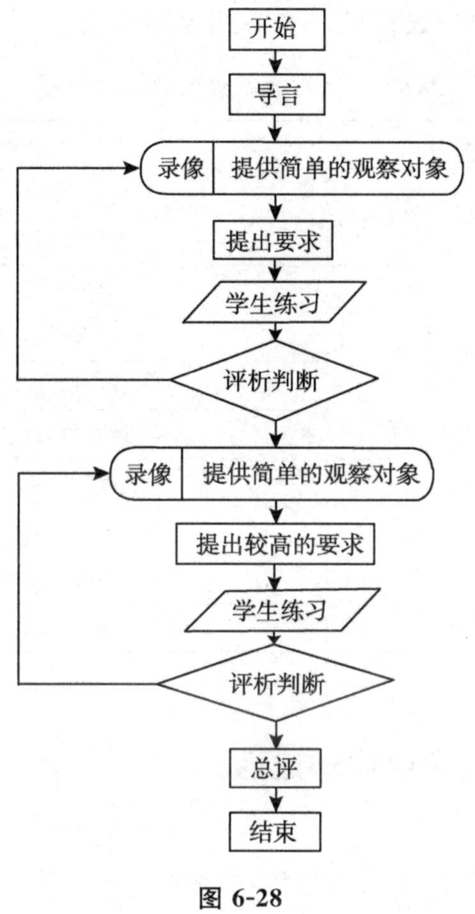


图 6-28

# 第四节　体育教学媒体的设计

## 一、体育教学媒体概述

体育教学媒体指的是载有体育教学信息、连接教授者与学习者、用来传递体育教学信息的物体、中介物及工具。[①]

① 张振华.体育教学理论与方法[M].北京:北京师范大学出版社,2016.

常见体育教学媒体的分类方法见表 6-5。

表 6-5 体育教学媒体的几种分类

| 分类依据 | 类别与内容 |
|---|---|
| 发展先后 | 传统教学媒体 |
| | 现代教学媒体 |
| 物理性能 | 光学投影类媒体 |
| | 电声类媒体 |
| | 电视类媒体 |
| | 计算机类媒体 |
| 感官通道 | 视觉型媒体 |
| | 听觉型媒体 |
| | 视听型媒体 |
| | 综合媒体 |

## 二、体育教学媒体的选择

### (一)选择体育教学媒体需考虑的因素

体育教学媒体有多种类型,不同的教学媒体有不同的性能,对这些媒体进行选择时,需对教学目标、教学内容、学生情况、学校教学条件等情况进行综合考虑,要保证所选媒体具有可行性、便利性、适用性、可得性,且具有提高教学效果的作用。

总之,选择体育教学媒体时需要考虑图 6-29 所示的要素。

### (二)体育教学媒体的选择程序

构建体育教学媒体的选择程序,需从以下几方面考虑。

(1)分析体育教学目标、体育教材、学生特征,最终将必须由媒体来表现的教学内容确定下来。

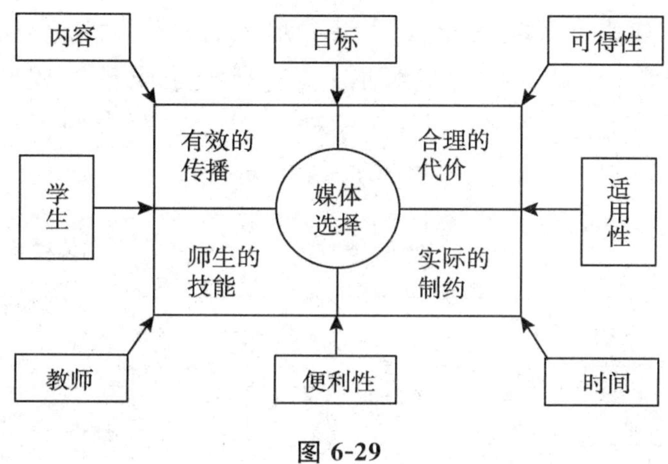


图 6-29

(2)明确可以表现既定体育教学内容的教学媒体有哪些(主要考虑媒体的性能和功能)。

(3)进行最佳媒体的确定。最佳是指综合指数最高,而非单指表现力最佳。

(4)从教学的整体设计出发将具体的教学环节、步骤,表现不同教学内容的不同媒体等确定下来,然后在教学流程中整合这些媒体。

(5)根据流程图将注意力集中到某一个或某几个合适的媒体上,然后继续进行最佳选择,此时要对媒体获得的可能性、使用的便利性等特点进行考虑。

从以上几方面出发,可以得出体育教学媒体选择的一般程序,如图 6-30 所示。

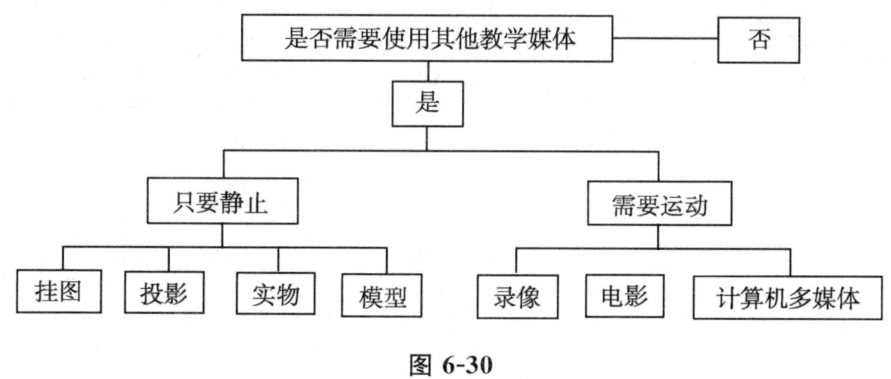


图 6-30

上面讲到体育教学有三种组织形式，集体授课、小组教学与个别化教学，运用不同的组织形式，选择教学媒体的程序也有一定的差别。集体、小组、个别化三种教学形式对应的媒体选择流程分别如图 6-31、图 6-32 和图 6-33 所示。

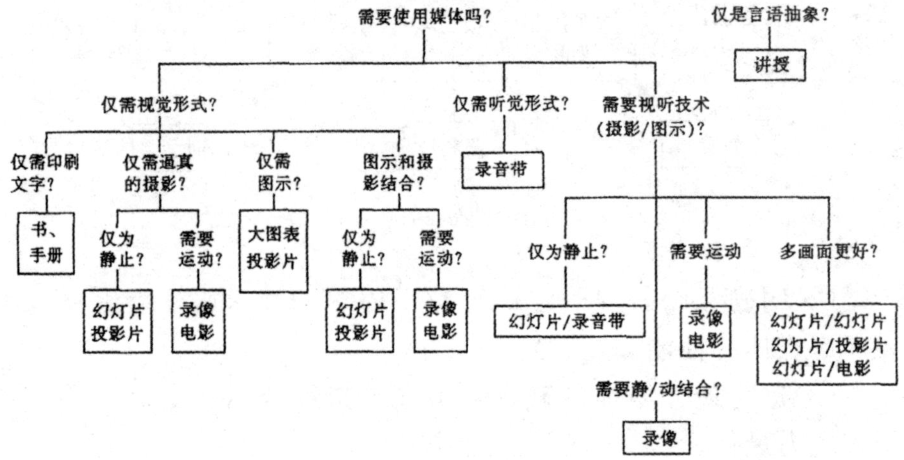


图 6-31

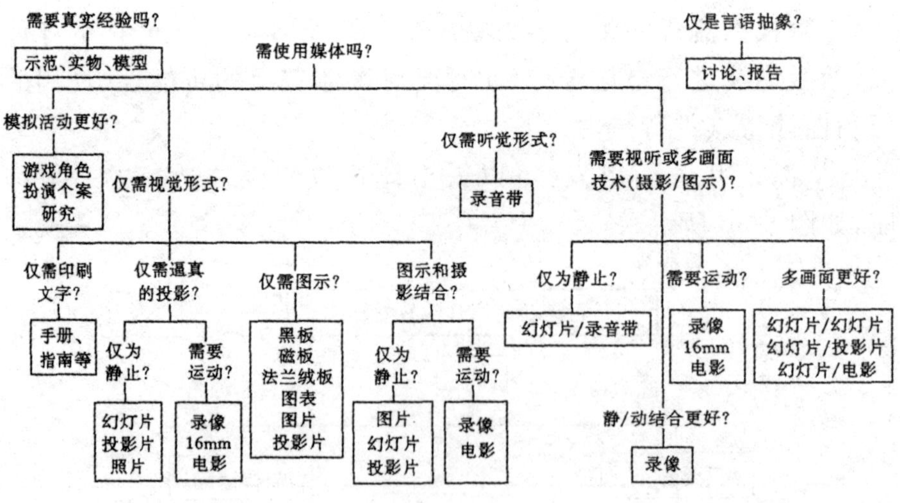


图 6-32

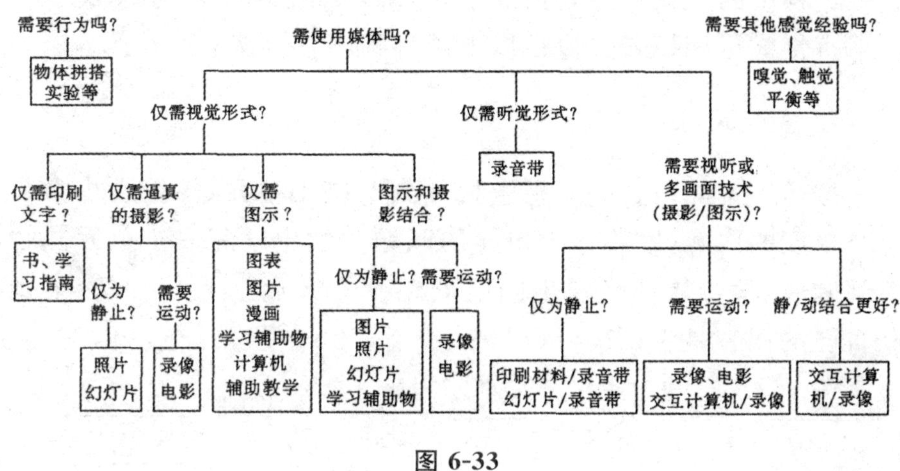


图 6-33

## 三、体育教学媒体的运用

从体育教学的实践中发现，体育教学媒体的运用有三种基本模式，分别是直接式、辅助式、循环式。第一种主要用于实践课教学中，第二种在理论与实践课教学中都适用，第三种适用于自主学习和程序化教学中。

### （一）直接式运用模式

体育教学媒体的直接式运用模式如图 6-34 所示。

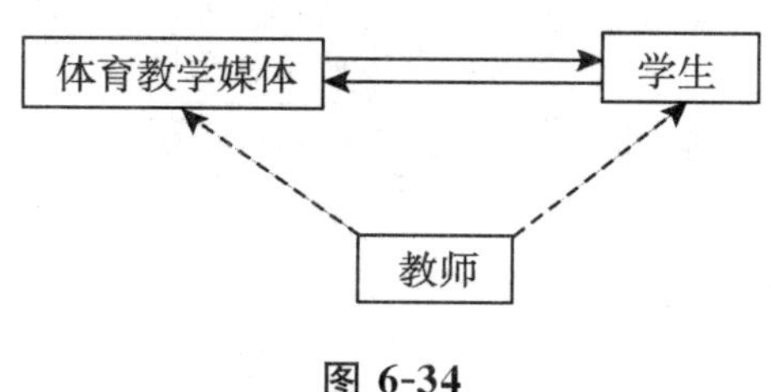


图 6-34

在这种模式的实施中，学生通过教学媒体来学习运动技能，学生选用的教学媒体主要是计算机辅助学习软件 CAI，运用该媒介除了可以学习运动技能外，还可以学习其他体育知识，教师在这一过程中的主要作用是指导学生，调控学生的学习与练习。

直接式运用模式又包括以下两种程序教学法。

1. 直线式(图 6-35)

按照一定的逻辑关系把教材分成一些小单元，学生逐步学习每个单元的内容，解答每个单元的问题。学生学完一个单元并解答问题后，学习软件呈现出问题的正确答案后，学生对照答案判断自己的回答是否正确，依次进行。

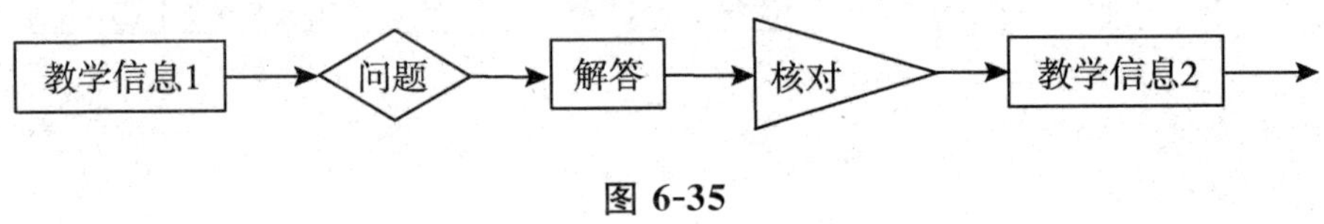


图 6-35

2. 分支式(图 6-36)

按照一定的逻辑关系将教材分成若干较大的单元，每个单元的题型以选择题为主，学生只有答对了才能继续学习后面的内容，否则就要先学习导入的一个分支程序，学完后继续选答前面出错的问题，直到答对才可学习下一个单元。

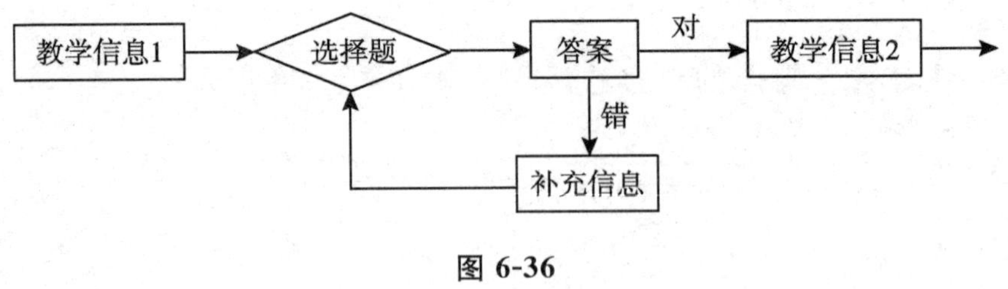


图 6-36

## (二)辅助式运用模式

体育教学媒体的辅助式运用模式如图 6-37 所示。

在这种模式的实施中，教师通过现代体育教学媒体传递内容信息，并及时收集反馈信息。在体育教学中，这种模式是作为辅助教学手段出现的，常用的方式有以下两种。

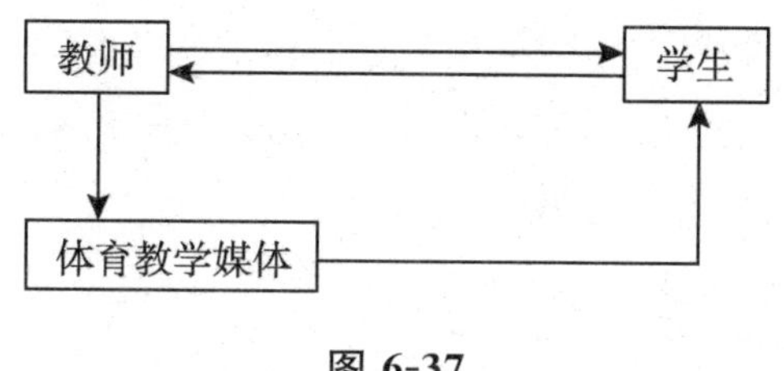


图 6-37

1. 演播法

体育教师在体育教学尤其是体育理论课教学中，通过现代教学媒体来演示文字、图像，播放录音、录像，将教学信息传达给学生，然后进行相应的讲解和引导，这就是演播法。

演播法的实施步骤如下。

提示：注意语言要简练，抓重点。

↓

播放：配合讲解。

↓

讨论：学生分组讨论。

↓

小结：应简短。

2. 插播法

体育教师边讲解边穿插播放相关音像教材片段，使学生获得感性认识，集中注意力，这就是插播法。

插播法的运用包括以下六个步骤。

讲解：语言精练，详略得当。

↓

播放：把握好时机，适时播放。

↓

讲解：配合播放内容讲解，使学生更有目的地看与听。

↓

播放：可以重复播放，可以动态慢放，也可静态观察。

↓

讨论：小组讨论。

↓

小结：简短、概括、有效。

### (三)循环式运用模式

体育教学媒体运用的循环式模式如图 6-38 所示。一般适用于个别化教学和网络教学中。

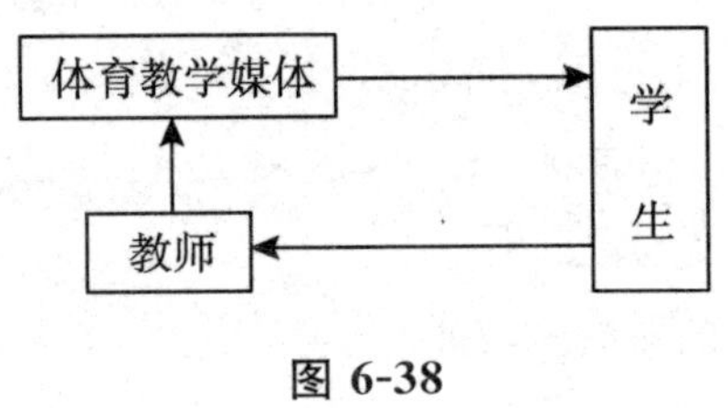


图 6-38

在这种模式的实施中，学生借助教学媒体进行独立自主的学习，其与教师基本没有正面接触。教师对学生的学习效果进行检查与评价时，主要采用技能测试、作业检查等方式。评价后对教学内容及时进行调整，使学生取得更大的进步。

## 四、体育教学课件的设计

### (一)体育教学课件的概念

体育教学课件指的是以体育教学的目标、特点和内容为依据，结合计算机多媒体技术而专门设计的辅助体育教学的软件。①

### (二)体育教学课件制作与运用

#### 1. 体育教学课件制作

体育教学课件的制作要符合体育教学规律、符合学生的认识学习规律、符合体育教学实际。在制作中，先制订制作计划，再设

① 佟晓东，刘铁.体育教学设计与实践[M].沈阳：东北大学出版社，2009.

计课件内容与结构，内容必须是健康的，具有时代性、科学性、正确性的，必须是对培养学生的综合素质有益的。结构方面必须有清晰的层次、突出的重点及合理的搭配。

2. 体育教学课件的运用

体育教学课件是体育教学的辅助教学手段，在教学中要合理运用，根据教学需要选择恰当的课件。具体运用中要注意以下几点。

首先，虽然体育教学课件具有很多优势，但坚决不能用其来代替传统教学方式，如讲解、示范、讨论等，一方面要发挥课件的优势；另一方面也要将传统教学中的精华内容及方法保留好。

其次，多媒体课件应与挂图、模型、投影等直观教具以及其他演示方式兼容。

最后，体育教师要能熟练使用多媒体教学软件，并具有独立制作课件的能力。

## 第五节　体育教学方案的设计

体育教学方案是体育教师对单元教学过程的计划安排，是教师实施体育教学的依据。体育教学方案设计的质量直接影响教师实施授课的效果。体育教学方案的设计准确到位、简单明了，真正为授课提供依据，能够使体育教师备课的工作量减少，使体育教学效率得到提高。下面主要分析体育单元教学方案与课时教学方案的设计。

### 一、体育单元教学方案的设计

在整个体育教学活动的开展中，单元教学方案与计划的设计与制订具有特殊的意义和重要的作用。单元教学由若干课组成，不管是小学的主题单元、初中的项目单元、高中的模块单元等都是如此。因为只通过一节课或几节课，学生很难将一个运动项目的技术过程全部掌握，只有按照单元教学方案展开对每节课教学活动的系统的、有计划的实施，才能使系统的学习过程得到完整构建。此外，单元教学方案又为课时教学方案即教案的设计提供了方向与目标。

很多地方在体育教学比赛时，要求参加比赛的教师提供单元计划，这有利于促进体育教师“计划意识”的提高。

在单元体育教学方案的设计中，教学目标的设计是一个重点，同时也是难点，很多教师都会混淆教学目标与学习目标的表述方式，事实上二者有明显的不同。教学目标是教师对于自己教与学过程的一种目标表述；学习目标是教师通过学情分析，从学生学习的角度，在上完一节课后学生能够达成目标的表述，是两种不同的思考方式。[①] 以篮球教学为例，表述方法见表 6-6。

**表 6-6　单元体育教学目标与学习目标的表述方式对比**

| 教学目标表述 | 学习目标表述 |
|---|---|
| 通过教学，使学生掌握原地单手肩上投篮的动作概念 | 通过学习，知道原地单手肩上投篮的动作要领 |
| 通过教学，使学生基本掌握原地单手肩上投篮的技术 | 通过学习，学会运用正确技术完成原地单手肩上投篮技术 |
| 培养学生团结协作、相互帮助的优良品质 | 通过互帮互学，形成观察分析技术动作的能力 |

上表中的目标表述形式是从“三维目标”出发的，即认知目标、技能目标、情感目标。单元目标和课时目标不同，所以不要将课时目标单元化，单元目标是课时目标设计的依据，课时目标体现了单元目标的分解。在单元目标的设计中，目标与内容的衔接是否有效，这是需要重点考虑的一点。

在单元教学方案设计中，要合理划分教材，使若干课时计划组成系统的教材，然后教师从具体目标出发来设计教案。

① 杨文轩，张细谦，邓星华. 学校体育学[M]. 北京：高等教育出版社，2016.

## 二、体育课教案的设计

体育课教案就是体育课时教学计划，也是体育课堂教学行动预案，这是体育教学计划的最小单位，也是实现其他教学计划的基础。体育教师在体育课教案的设计中，必须清楚地梳理与分析结构要素，区别基本要素与核心要素。

下面分析传统体育课教案及创新体育课教案的结构设计。

### （一）“传统式”体育课教案设计

传统体育课教案（新课改前）主要有卡片式、文字式、表格式三种呈现形式，不管采用哪种方式，关于教案结构要素的取舍都是必然会涉及的问题。通过分析这三种形式教案的要素，发现教案结构中的基本要素和核心要素都相对比较稳定，见表 6-7。

**表 6-7　“传统式”体育课教案的结构要素**

| 要素类型 | 具体要素 |
| --- | --- |
| 基本要素 | 教学年级 |
| | 班级及人数 |
| | 学生性别 |
| | 场地器材 |
| | 课次 |
| | 教学内容、目标及重难点 |
| | 运动负荷曲线预计 |
| | 练习密度预计 |
| | 课后小结 |
| 核心要素 | 课的内容 |
| | 组织教法与要求 |
| | 教学时间分配 |
| | 练习次数 |

传统式教案结构深入人心，虽然新课改取得了很大的成功，但教师编写教案依然会用传统结构，我国很多一线体育教师都比较习惯按照这些要素来设计教案与安排教学。

### （二）"创新式"体育课教案设计

新课程改革后，体育课教案在结构要素的取舍上发生了一些变化，一些教师打破常规，在传统的基础上对要素的位置进行调整，或者直接改变核心要素。

在发展与完善体育课教案结构的过程中，一些教师做了比较合理的创新，如用"教师的教法""学生的学法""教师的教""学生的学""组织与要求"或"教师活动""学生活动"等来代替传统结构核心要素中的"组织教法与要求"。这一要素的表达方式经过调整后，对教师教与学的任务和方法就更容易区分了。我们不能否定"组织教法与要求"这一传统说法的合理性，只是新课改以来，学生学习的主体地位得到了高度重视，所以学生的学习方法也一直被强调，新的表述避免了重教学方法、轻学习方法的弊端，因此，这样调整教案要素比较合理。此外，还有教师将安全防范写进了教案中，使教案结构更有新意。

不管进行哪种教案的设计，都要明确基本要素与核心要素，而且学习目标、学习内容、教学重难点、教法（教师活动）与学法（学生活动）、教学程序、教学组织、练习强度与密度、课后反思等具体要素缺一不可。

# 第七章 现代体育教学的评价理论与革新发展研究

体育教学评价是体育教学的重要组成部分，是对体育教学活动进行全面调查，并对其价值、优缺点等信息进行评定，以期改进与完善的系统过程。科学的体育教学评价能够从整体上调控体育教学活动，促进实现体育教学的有序开展，保障体育教学目标的达成，推动体育教学质量的提升。鉴于体育教学评价的重要作用，应加强对这一教学环节的理论研究及改革创新，充分发挥体育教学评价的多元功能。本章主要就现代体育教学的评价理论与革新发展展开研究，主要内容包括体育教学评价分析、体育教师教学评价、学生学习评价及体育教学评价革新发展的策略。

## 第一节 体育教学评价分析

### 一、体育教学评价的概念

体育教学评价是指以体育教学目标与原则为依据，制定科学的标准，运用有效的技术手段测定与衡量体育教学活动的过程及其结果，并进行价值判断的过程。①

① 毛振明，于素梅. 体育教学评价技巧与案例[M]. 北京：北京师范大学出版社，2009.

## 二、体育教学评价的视角与结构

### (一)体育教学评价的视角

体育教学评价视角指的是从什么角度出发来展开体育教学评价,从多个视角出发进行体育教学评价,能够提高评价的准确性、科学性,从而促进评价功能的充分发挥,获得尽可能多的反馈信息来完善体育教学过程(图 7-1)。

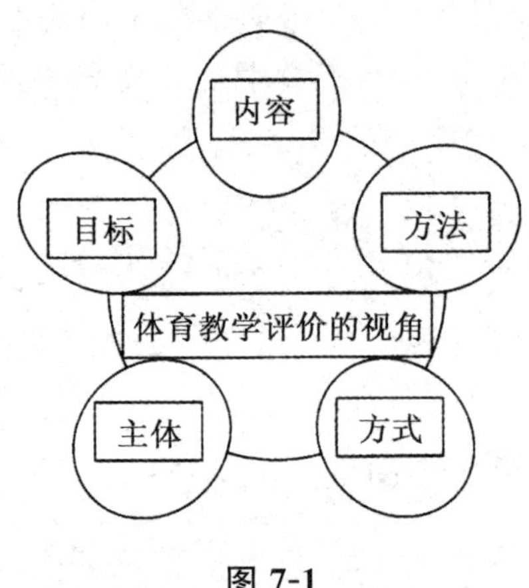


图 7-1

体育教学评价的多元视角具体见表 7-1。

表 7-1 体育教学评价的多元视角

| 评价视角 | |
|---|---|
| 评价目标 | 身体健康评价 |
| | 运动技能评价 |
| | 运动参与评价 |
| | 心理健康评价 |
| | 社会适应评价 |

续表

| 评价视角 | |
|---|---|
| 评价主体 | 教师评价学生 |
| | 教师互评 |
| | 教师自评 |
| | 学生评价教师 |
| | 学生互评 |
| | 学生自评 |
| 评价内容 | 教师教学评价 |
| | 学生学习评价 |
| 评价方式 | 定性评价、定量评价 |
| | 过程评价、结果评价 |
| 评价方法 | 书面检查、测验 |
| | 运动成绩测试 |
| | 运动技能评定等 |

### (二)体育教学评价的结构

不管从上述哪个视角出发来进行体育教学评价,①“谁来评”、②“为何评”、③“何时评”、④“评什么”、⑤“怎么评”等都是必然涉及的几个基本问题,这些问题也是体育教学评价的基本结构因素。以其中的①、④两个问题分别作为横轴和纵轴来设计象限,可以构建出体育教学评价的基本结构框架,如图 7-2 所示。

## 三、体育教学评价的内容与方法

体育教学评价中涉及的内容非常多,不同的评价内容对应的评价方法与手段也有一定的差异,具体见表 7-2。

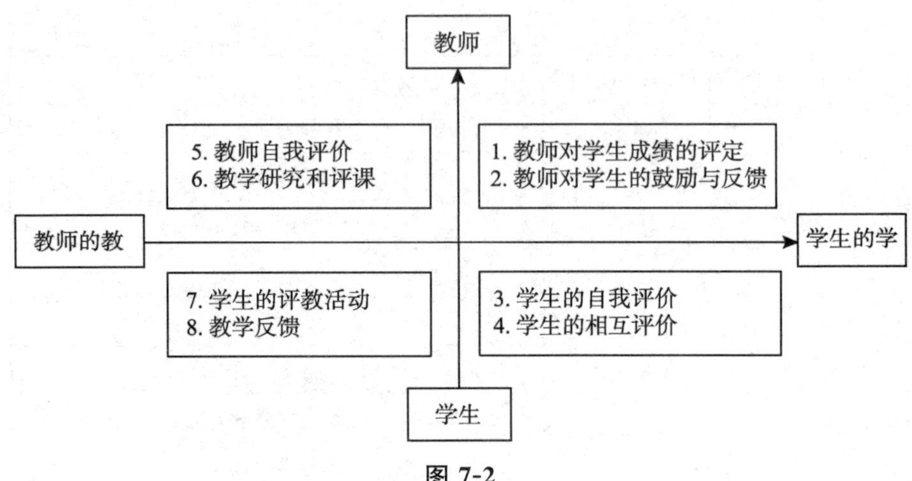


图 7-2

表 7-2　体育教学评价的内容、方法及手段

| | 评价内容 | 评价方法 | 评价手段 |
|---|---|---|---|
| 教师对学生的激励性评价 | 学生的学习目标 | 批评 | 口头指示 |
| | 学生的参与程度 | 表扬 | 眼神 |
| | 学生的拼搏精神 | 激发 | 手势 |
| | 学生的学习效果 | 抑制 | 技能小测验 |
| | | | 问卷调查等 |
| 学生自我评价 | 个人学习目标 | 自评 | 学习卡片 |
| | 个人参与程度 | 自省 | 回顾目标 |
| | 个人拼搏精神 | 自我暗示 | 对比前后成绩 |
| | 个人学习效果 | 自我反馈 | 行为检点 |
| 学生互评 | 同学的学习目标 | 互评 | 观察 |
| | 同学的参与程度 | 互议 | 课中讨论 |
| | 同学的拼搏精神 | | 学习卡片互动 |
| | 同学的学习效果 | | |
| 学生对教学过程的评价 | 教学内容 | 反馈 | 学习卡片对话 |
| | 教学过程的设计 | 评课 | 课中提问和反馈 |
| | 教学方法 | 要求 | 意见表 |
| | 教师的教学态度 | 建议 | |

续表

| | 评价内容 | 评价方法 | 评价手段 |
|---|---|---|---|
| 教师自我评价 | 个人教学思想 | 自评 | 回顾目标 |
| | 教材化 | 自我总结 | 阅览学习卡片 |
| | 个人个性化教学 | 自省 | 学生前后变化对比 |
| | 个人教学方法 | | 听取学生意见 |
| | 个人教学效果 | | |
| 教师互评 | 同事的教学思想 | 互评 | 日常教学观摩 |
| | 教材化 | 互议 | 评优活动 |
| | 同事的个性化教学 | | 教研活动 |
| | 同事的教学方法 | | 说课活动 |
| | 同事的教学效果 | | 评议 |
| | | | 教学总结 |

# 第二节　体育教师教学评价

## 一、体育教师教学能力评价

个体做某件事情时表现出来的个性心理特征的总和就是所谓的能力。能力的强弱与办事效率、成功率成正比，能力越强，效率越高，越容易成功，能力越差，效率越低，也就不容易成功。从这一观点来看，作为体育教学具体执行者的体育教师的能力强弱对学生学习成果和教学效果有直接的影响。为此，必须全面评价体育教师的能力，发现教师的不足，针对性地培养与完善教师的专业素质与业务能力。[①]

一般对体育教师教学能力的评价主要从以下两方面进行。

① 张振华.体育教学理论与方法[M].北京：北京师范大学出版社，2016.

## （一）讲解示范能力的评价

体育教学过程也是信息传播与沟通交流的过程，传播与交流双方分别是教师与学生，这是从传播学视角出发而言的。心理学研究表明，教师表达的清晰度直接影响学生对学习知识的获得程度。教学实践也表明，教师教学技能与学生学习成绩直接相关。对此，在体育师资培养中，不仅要重视传授专业知识，还要注重培养职业技能。体育教学能否成功，能否上好体育课，关键取决于体育教师教学技能水平。基于这一认识，可以从以下几方面来评价体育教师的教学技能（讲解与示范能力）。

（1）能否清晰、简练地讲解，能否有逻辑地传达信息。

（2）能否自然、正确、优美地进行示范。

（3）给予学生的视觉和知觉活动能否激发学生学习的热情。

## （二）教法与组织能力的评价

体育教学的效果与成败还与体育教师的教学方法、组织能力直接相关，具体评价如下。

### 1. 教师教法的评价

一般从下面几个方面来评价体育教师的教法能力。

（1）教法是否与教材规定的内容顺序相符。

（2）教法是否与学生的认知特点、身心特点相符。

（3）教法是否与教学环境相符。

### 2. 教师组织能力的评价

评价体育教师的教学组织能力时，一般从以下几方面着手。

（1）教材内容的组织是否符合教学原则和逻辑递进规律。

（2）练习形式之间的匹配程度。

（3）教学场地、器材、媒体是否易用、实用，与教学内容相符。

（4）课堂结构是否合理。

## 二、体育课堂教学评价

完整的体育课堂教学由准备阶段、基本阶段和结束阶段三部分组成，体育课堂教学评价的完整性要求分别评价每个教学阶段的具体情况，具体分析如下。

### （一）准备阶段的评价

体育教学的准备阶段以导入学习状态，说明教学目的，创设学习情境、氛围，引起学生兴趣等目的为主。因此，应从以下几方面来展开准备阶段的教学评价。

(1)队伍集合是否达到了快、静、齐的要求，是否成功吸引了学生的注意力。

(2)是否针对教材特点安排了恰当的热身活动。

(3)“寓导为乐”的教学要求是否体现在了诱导性或辅助性活动中(依据主教材而安排)。

### （二）基本阶段的评价

体育课堂教学的基本阶段以学习新知识、复习旧知识为主要任务。因此要从以下几方面来进行该阶段的教学评价。

(1)场地器材的安排是否与“情、趣、美”的教材属性特征相符。

(2)教材的安排是否与预先设计的教学顺序相符。

(3)多样化的学习方法与练习活动是否贯穿到了学习方式与练习方式的组织中。

(4)是否对学生体质、技能、品德的发展起到了积极促进作用。

### （三）结束阶段的评价

体育课堂教学的结束阶段以学生身心恢复到课前状态为主

要任务。包括放松活动、小结、布置课外作业、归置器材等内容。这一阶段的评价主要包括以下几点。

(1)放松活动的组织安排是否达到了简约自然的要求。

(2)"以学生为本"的教学思想是否体现在了课堂小结中。

(3)"安全和爱护器材"的教育是否体现在了最后收拾运动器材的活动中。

## 第三节　学生学习评价

### 一、体能的评价

在学生的体质健康评价中,主要以体能为指标,体能是学生进行身体练习和掌握运动技能的基础。对学生体能的评价包括肌肉力量与耐力、柔韧性、心肺功能等方面。

评价不同的体能素质,选取的评价指标及方法也不同,如分别用引体向上、仰卧起坐来测试男生和女生的肌肉力量,用 1 000 米跑、800 米跑分别测试男生与女生的心肺耐力,用体前躯、坐位体前躯测试学生的柔韧性。

在体能测试与评价中具体可参照《国家学生体质健康测试标准》。

### 二、健康行为的评价

学生的全面健康主要包括身体健康、心理健康和社会适应健康等方面。营养、生活方式、环境、体育锻炼情况等是影响学生健康的主要因素。在体育教学中,应在强调学习与掌握运动技能的同时开展健康专题教育,将学生的健康行为纳入学生学习评价的内容体系中,促进学生健康成长。

在评价学生的健康行为时，主要考虑以下几方面。

(1)对个人卫生是否注意。

(2)对公共卫生是否努力维护。

(3)是否有吸烟、酗酒等不良生活习惯。

(4)对合理的作息制度是否能够自觉遵守等。

## 三、学习态度的评价

学生终身体育锻炼习惯形成的原动力主要来自其体育学习态度，因此在学生学习评价中应将这方面的评价重视起来。

评价学生的学习态度主要是看其是否有学习欲望，学习热情是否高涨，专注性是否很强，是否主动学习等。这些都是学生主动参与体育的表现，具体包括自信心表现，情绪、意志力表现，合作交流表现等。

## 四、知识与技能的评价

### (一)知识评价

学生体育知识学习的评价具体见表7-3。

**表7-3 学生体育知识学习的评价**

| 知识类型 | 从哪些方面评价 |
| --- | --- |
| 人体科学知识评价 | (1)人体生理变化的规律<br>(2)运动卫生与自我保健<br>(3)运动适应性与运动处方<br>(4)体育锻炼对身体素质的影响等 |
| 体育理论知识评价 | (1)了解体育史<br>(2)了解运动项目的理论知识、运动技能<br>(3)喜欢关注、观看和欣赏体育比赛等 |

续表

| 知识类型 | 从哪些方面评价 |
| --- | --- |
| 社会学与美学评价 | (1)了解体育对人成长的影响<br>(2)了解体育的社会价值与魅力等 |
| 心理学知识评价 | (1)了解体育对心理健康的影响<br>(2)掌握心理障碍的调节方法 |
| 知识认知评价 | 理解知识对未来生活的重要意义 |

### (二)运动技能评价

掌握运动技能是学生提高身体素质的主要方式,是学生完成学习任务的重要载体。在这一方面的评价中,关键要看学生掌握运动技能的质量。运动技能评价是激发学生学习热情的一种有效手段,能够促进学生进步。

## 五、情意表现与合作交往的评价

### (一)情意表现的评价

评价学生的学习情意表现,主要是为了促进学生积极向上,养成乐学与好学的习惯。在这方面的评价中,关键要看学生是否以积极的态度学习,是否体验到了体育的乐趣,学生对学习中遇到的困难是否能顽强克服,对教师的批评与表扬是否能客观对待等。

### (二)合作交往的评价

学生在学习中理解和尊重同学、与同学互相帮助等是合作交往评价的建议,主要是为了使学生在体育学习中能够正确处理竞争与合作的关系,善于与同伴一起解决活动中的困难,培养学生积极的社会责任感，在体育活动中表现出适合自己角色的社会行为。①

# 第四节　体育教学评价革新发展的策略

## 一、树立新的体育教育理念，构建科学的评价机制

首先，确立学校体育在素质教育中的地位，明确体育教学目标及评价目标，科学设计评价指标体系与方案，提高评价方法的操作性与实效性。

其次，建立学生的主体性发展目标，巩固学生的主体地位，注重对自主性、创造性的评价，鼓励学生配合评价及参与评价。

最后，深入理解现代教育理论，发挥评价的多元功能，重视评价的教育功能。

## 二、丰富和完善体育教学评价内容

现代体育教学评价内容丰富而全面，有关学生综合素质的内容基本都在教学评价的考察范围内，除身心健康、运动技能、运动参与外，学生的情感体验、社会适应能力、创新能力及道德素养等也越来越受关注。在评价中要特别考虑学生的个体能力差异及经验差异，注重过程性评价，善于发现学生的进步与良好的学习态度。

## 三、选用多样化的评价方式

体育教学评价中，不同的评价方法有不同的功能与价值，为

① 杨文轩，张细谦，邓星华. 学校体育学[M]. 北京：高等教育出版社，2016.

了获得更可靠、准确的评价信息，在评价中应根据评价内容选择多样有效的评价方法与手段，同时要特别注意避免单一化的终结性评价。评价方式多样化要求实现以下三个结合。

首先，教师评价与学生评价的结合。

其次，定性评价与定量评价的结合。

最后，过程性评价和终结性评价的结合。

## 四、灵活构建评价体系

体育教学评价中不能按统一的标准对所有学生提出完全一致的要求，而应做到区别对待，做到多样化，体现个体化教学理念与区别对待原则。因此，要针对不同的学生建立不同的评价目标，以目标的指向为依据采取相应的评价方法，争取使不同层次的学生，都能在评价中获得学习的动力和更大的进步。

# 第八章 现代体育教学的信息化理论与应用研究

随着现代科技的发展及现代体育教学的改革创新，大量的信息化技术被运用到体育教学领域，并发挥了重要的作用。利用信息化平台开展体育教学，不但能够提高学生学习的兴趣，优化教学质量，还能培养体育教师的教育技术能力及实践能力，这对体育教师的长远发展具有重要意义。本章主要就现代体育教学的信息化理论与应用展开研究，主要内容包括信息化教学、微课教学、微格教学的理论及应用，对这三方面的研究能够为培养体育教师的教学技能、开展高科技的体育教学提供指导。

## 第一节 信息化教学理论及应用

### 一、信息化教学理论

#### （一）信息化教学的概念

在信息化时代，信息技术在各个行业普遍受重视，教育领域同样如此。信息化教学是指，在现代教学理念的指导下，教师充分利用现代信息技术，包括网络技术、计算机及多媒体技术、卫星通讯技术等，整合与运用丰富的教学媒体和信息资源，构建良好的教学环境，引导学生积极发挥自身的主观能动性，使学生自觉成为知识和信息的建构者，从而不断提高教学质量的过程。①

### (二)信息化教学的要素

传统教学系统以教师、学生及教学内容为主要构成因素，如图 8-1 所示。

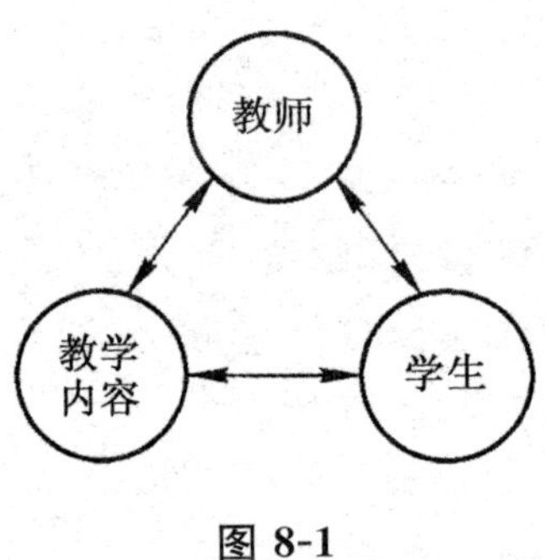


**图 8-1**

而在信息化教学中，教学系统的构成在传统教学要素的基础上增加了媒体因素，变成了“四要素”(图 8-2)，教师、学生、教学内容及媒体四个要素之间相互促进、相互作用，少了任何一个要素，信息化教学都无法顺利实施。

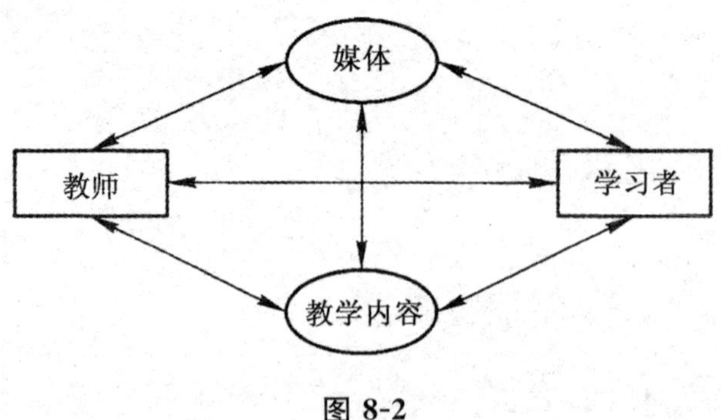


**图 8-2**

① 景亚琴. 信息化教学[M]. 北京：国防工业出版社，2014.

### (三)信息化教学的基本理念

信息化教学要坚持“以人为本”的现代教学理念,即以学生为本。具体要做到以下几点。

(1)确立学生的主体地位。

(2)强调学生的主观能动性。

(3)从强调积累知识和训练技能转变为学生对知识与信息的主动建构。

(4)强调探究学习、自主学习、合作学习。

(5)强调师生之间的有效互动。

(6)强调活动的重要性。

## 二、信息化技术在体育教学中的应用

在体育教学中运用信息化技术,构建新型课程模式,对提高体育教学效率与质量具有重要意义。现在主要分析两种常见的信息化课程模式。

### (一)以信息技术为学习工具的研究型课程

在研究型体育课程模式下,教师引导学生自主学习与研究,将信息技术充分利用起来对各种学习资料进行多渠道分析、归纳、整理,将关键信息提炼出来,构建理论体系,从而更好地指导学习实践。学生在这一过程中能够体验到科研的奥妙与乐趣,从而激发创新思维与想象力,并产生继续学习的动力与兴趣。

研究型课程中有关于课程延伸的环节,即整合任务,这突破了传统学习中的单一框架,延伸环节的主题活动一般都是学生比较感兴趣的社会生活话题,学生带着兴趣进行研究,更容易完成任务,达到目标。

研究型课程注重学生的主动参与及参与的过程性,强调学生发挥主观能动性。在整个研究过程中，学生对研究方案、实施方案的设计，到最后任务的完成，都是自主进行的，教师只提供基本指导，指导学生确定选题和分析资料。

## （二）以信息技术为学习对象的信息技术课程

在信息化教学中，还要培养学生对信息技术的正确运用能力，促进其利用现代技术解决现实问题的能力的提高，这就需要以信息技术作为学习对象，开设信息技术课程。在课程整合理念下，信息技术课程模式具有独特的操作流程。

下面简要分析信息技术课程的两种典型模式及其操作。

### 1. 带疑探究—讲授示范—动手操作型

这一模式的操作流程如下。

首先，教师依据课程目标提出探究性问题，诱导学生思考与探究，引导学生充分利用现有的信息技术资源探索有效的方法，以解决问题。

其次，教师分解探究性问题，分为一系列信息技术知识点，然后进行操作示范。

再次，学生独立操作，掌握知识和技能。

最后，教师给予评价。

### 2. 任务驱动—协作学习型

这一模式的操作流程如下。

首先，教师利用信息技术资源设计教学目标和教学任务。任务系统呈具有层次性和难易分明的梯状。

其次，教师呈现教学任务，学生对自己的合作伙伴自主选择，合作学习、共同探究。小组内部要做好沟通，小组之间也要学会分享信息与成果。

最后，教师给予评价，以学生应用信息技术的能力为评价重点。

# 第二节　微课教学理论及应用

## 一、微课教学理论

### (一)微课教学的含义

微课教学是指教师根据学生的学习特点和进度，将微课的资源整合到日常课堂中，使其与普通课堂资源相结合，从而实施教学的过程。①

### (二)微课教学的功能

微课教学具有以下几点功能。

(1)内容易懂，精力专注。

(2)集中、强化教学技能。

(3)突出自身优势，彰显个性特点。

### (三)微课教学的要求

微课教学中要注意以下几点要求。

(1)明确训练任务。

(2)合理编排内容。

(3)织织严谨，活动紧凑，器材摆放合理。

(4)彰显个性教学技术。

### (四)微课教学的设计

#### 1. 设计原则

微课教学的设计主要贯彻以下两条原则。

---

① 汪滢.微课的内涵、特征与适用领域——基于首届全国高校微课教学比赛作品及其征文的分析[J].课程·教材·教法，2014(07).

(1)动静结合原则。

(2)自主探究原则。

2. 设计要点

微课教学设计关键要注意以下两个要点。

(1)设置相应的课程目标。

(2)确定教学的重难点。

### (五)微课教学的程序

微课教学按以下三个步骤实施。

(1)制作微课程学习视频。

(2)设计课堂学习形式和方法。

(3)评价教学过程。

## 二、体育微课教学的组织与实施程序

体育微课教学的组织与实施需要经历以下几个阶段。

### (一)课前准备阶段

课前准备是对内容编制技能的体现,主要包括对教学内容的选取、对教学目标的确定、对教学策略的制定、对教学顺序的安排及对教学器材的摆放等。选取教学内容一定要体现出明确的主题,对某一个或少数几个选定的问题集中说明,这样体育教学才更有目的性、计划性,教学目标才更能发挥引领作用。课堂结构必须完整,各个要素要密切衔接,教学策略要具有可操作性和有效性。

### (二)课中教学阶段

虽然微课是一个课例片段,但结构也必须完整,完整的课中教学包括以下环节。

1. 课程导入

微课时间较短，在有限的时间内必须用新颖的方法来引出课题，这样才能在短时间内吸引学生的注意力，使其在接下来的时间里集中精力学习。这一环节用时较少，以免耽误正式教学。

2. 正式进入教学活动

教学活动是主体部分，以对一个技术问题的解决为主线，教师要简短精炼地讲解，留出时间让学生自主练习，教师在旁边巧妙启发、积极引导。

3. 课后小结

课后小结是对教学内容要点的归纳及整个教学的总结。课后小结贵在“精”，要起到画龙点睛的作用，不要做不必要的总结，以免造成画蛇添足。

### （三）课后反思阶段

课后反思的基本立足点是教学探究和解决问题，反思的要点有两个，即教和学，通过反思检验目标的合理性与达成情况，根据现实问题而提出改进建议。

## 三、微课教学在体育体能课中的应用案例

### （一）案例陈述

微课教学在体育体能课教学中的应用案例见表 8-1（以核心力量训练的教学为例）。

表 8-1　体能微课教学设计——核心力量训练

| 执教教师 | | 教学对象 | |
|---|---|---|---|
| 教学内容 | 核心力量训练的含义、意义、方法、应用 | | |
| 教学重点 | 核心力量训练的方法和应用 | 教学难点 | 核心力量的形成机制 |
| 教学方法 | 问导式教学法、启发式教学法、多媒体教学 | | |
| 教材选择 | 由王卫星主编，高等教育出版社出版的体能教材——《体能训练理论与实践》 | | |
| 教学程序 | 1. 课程导入：直接式<br>2. 主体教学<br>(1)核心区的概念<br>(2)核心力量训练的含义<br>(3)核心力量的形成机制<br>3. 核心力量训练意义<br>4. 核心力量训练方法(运用半球型滚筒、悬吊器械、平衡垫、小蹦床、瑞士球、平衡板等器材)<br>5. 核心力量训练应用(康复医疗、大众体育、竞技体育)<br>6. 课堂小结<br>7. 习题解答<br>8. 布置作业：针对核心力量设计一组训练方法(关于自己喜爱的体育项目)。 | | |

## (二)问题解析

本案例教学过程相对完整，微课教学任务较为明确，教学方法相对传统教学有一定的创新，但依然存在以下问题。

(1)教学内容多，在有限的微课教学时间内要教完这些内容，难免会“赶时间”，有些“仓促”。

(2)教学难点对应的教学内容不是很多，对教学难点问题的解决效果不理想。

(3)对器材如何摆放和使用的问题没有交代。

(三)改进建议

(1)适当精简教学内容,有重点地针对某一教学内容进行教学。

(2)围绕教学重点和难点多设计一些练习内容,解决好重点与难点问题,使学生学到“精华”。

(3)器材如何摆放、如何使用,都要清楚说明或用小卡片提示。

## 第三节　微格教学理论及应用

### 一、微格教学理论

(一)微格教学的概念

微格教学是利用现代教学技术手段对教师的教学技能进行培训的教学方法。微格教学是一种缩小了的可控制的教学环境,它使准备成为或已经成为教师的人有可能集中掌握某一特定的教学技能和教学内容。①

(二)微格教学的特点

微格教学的特点表现如下。

(1)参加人数少,上课时间短。

(2)技能学习集中。

(3)学习目标可控。

(4)运用视听设备及时全面地反馈。

① 施小菊.体育微格教学[M].厦门:厦门大学出版社,2013.

### (三)微格教学的功能

微格教学作为一种有效的培训手段,对教师教育教学能力的提高具有重要的促进作用,其功能具体体现在以下几方面。

(1)有较强的针对性,有助于促进单项教学技能的提高。

(2)有较强的参与性,有利于促进主体性的发挥。

(3)有较强的实践性,有助于促进教师培训事业的进步。

## 二、体育微格教学的组织与实施程序

体育微格教学的组织与实施包括下面几个环节。

### (一)观察分析阶段

这一阶段主要是让受训者明确微格教学中要"做什么"和"怎么做"的问题,使受训者将基本流程和基本理论知识掌握好,并将其运用到实践中,采取相应的活动方式达到一定目的。分析要在观察的基础上进行,将体育教学大纲、体育教材、体育教学目标、体育教学内容、学情作为主要分析对象,进而明确体育教学技能训练要达到的目标。

观察时,以所要训练的某一项或几项技能为依据,从不同角度出发示范不同水平的片段,受训者仔细观看,在直观感觉的基础上形成感性认识。课堂教学片段是示范片段的主要来源,由教师或学生相互间示范都可以,正面、反面示范相结合,使受训者能够更全面地观察某一教学片段并加以分析。

(1)全面了解所要训练的体育教学技能,通过观察全面了解该技能的概念、特征、分类、结构、应用原则和实施要点等,建立基本知识构架,清楚"做什么"。

(2)运用讲解的方式使受训者明确技能训练要达到什么目的,有哪些要求,从而使其有针对性地学习知识,储备知识,进而明白"怎么做"。

## (二)模拟训练阶段

这是整个组织与实施过程中的主体部分，首先让受训者经过第一阶段的观察与分析后备好课，将教学技能训练在大脑中预演。备课的内容是一个教学片段，时间大概在5～15分钟之间，教案中要对教学活动、学习活动、教学技能作一定的说明。

教案编写完后，练习者演练，具体包括以下三个环节。

### 1. 组成微型课堂

以小组为单位进行训练，教师角色、学生角色、教学评价人员、媒体工具操作人员共同组成课堂。

### 2. 角色扮演

一节课中对一两种教学技能集中进行训练，时间10～15分钟。上课前，要使受训者清楚将要训练什么技能，要达到什么目标，使其理解该技能，心里有底。

### 3. 明确记录

主要用录像来记录教学行为，及时反馈。文字记录也可，根据需要和现实条件而定。

## (三)评价讨论阶段

这是信息的反馈与评价部分，应及时向培训者反馈，使培训者根据反馈信息对受训者进行客观分析、准确评判，总结优势与缺陷，提出相应的改正缺陷的策略。通过这一阶段，受训者要在以后的教学中不断修改与完善教学方案，更好地组织实施教学，这就是微格教学的良性循环。

评价有自评和他评两种方式。受训者观看自己的教学录像，分析与评价自己的教学行为，检查目标的实现程度和自己对教学技能的掌握情况，这就是自评。微格教学中的教师角色、学生角色、指导教师、评价人员等共同观看录像，集中评价，检查受训者是否通过努力达到了培训目标，这就是他评。

评价中，单独使用定量评价或定性评价的方法，效果都不及二者的结合。

讨论环节一般由培训者指导，以集体讨论为主，最后根据讨论结果改进方案。

### （四）整合训练阶段

整合训练阶段也是微格教学的“综合阶段”。虽然每次微格教学训练针对的都是单项教学技能，但微格教学的最终目的是实现教学技能的良好衔接和正向迁移，整体上提高教学技能水平。因此，在微格教学中应将单项训练与整合训练的关系妥善处理好，在单项技能训练结束后，开展小型课训练（时间控制在 15 分钟左右），要求反映出各个技能的掌握情况，为教师评价训练效果和技能运用效果提供指导。

# 参考文献

[1]尹玉华,何为,徐继年.九年义务教育体育与健康课程教学指南[M].成都:电子科技大学出版社,2018.

[2]李卫东.体育课程教学模式[M].北京:高等教育出版社,2018.

[3]赵琼,马健勋,叶晓阳.当代体育教学管理研究[M].北京:中国纺织出版社,2017.

[4]李启迪,邵伟德.体育教学基本理论研究[M].北京:北京师范大学出版社,2014.

[5]龚坚.现代体育教学论[M].重庆:西南师范大学出版社,2009.

[6]黄丽秋.终身体育思想的形成及教学引领研究[D].湖南师范大学,2014.

[7]张丽荣.体育教学的价值回归探索[M].北京:中国纺织出版社,2017.

[8]蔺新茂,毛振明.体育教学内容论[M].北京:北京体育大学出版社,2014.

[9]李林.体育课程内容资源开发的理论与实践[M].重庆:西南师范大学出版社,2006.

[10]黄天涛.高中体育新课程改革教学内容问题分析及对应策略[D].贵州师范大学,2015.

[11]程明月.我国现行中小学体育教学内容的现状分析与对策研究[D].南京师范大学,2017.

[12]霍军.体育教学方法实施及创新研究[J].北京体育大学

学报,2013(01).

[13]张建龙,王炜.体育教学方法优化组合的依据、原则与程序[J].新西部(下半月),2009(05).

[14]张振华.体育教学理论与方法[M].北京:北京师范大学出版社,2016.

[15]张细谦.有效体育教学模式的创建与实施[J].广州体育学院学报,2015(01).

[16]马冬.运动教育模式在普通高校网球课教学中的应用研究[D].山东体育学院,2012.

[17]黄明礼.高职院校体育教学模式改革和发展对策研究[J].黑河学院学报,2018(04).

[18]孙威,刘明亮,金在龙.高校体育教学模式现代化改革研究[J].吉林化工学院学报,2017(04).

[19]邵伟德.体育教学模式论[M].北京:北京体育大学出版社,2005.

[20]关北光,毛加宁.体育教学设计[M].成都:西南交通大学出版社,2016.

[21]杨文轩,张细谦,邓星华.学校体育学[M].北京:高等教育出版社,2016.

[22]毛振明,于素梅.体育教学评价技巧与案例[M].北京:北京师范大学出版社,2009.

[23]毛振明.体育教学论(第2版)[M].北京:高等教育出版社,2011.

[24]毛振明.体育教学内容改革与新体育运动项目[M].北京:北京体育大学出版社,2002.

[25]龚正伟.体育教学论[M].北京:北京体育大学出版社,2008.

[26]李朝辉等.教学论[M].北京:清华大学出版社,2010.

[27]王惠萍.教育心理学[M].北京:高等教育出版社,2011.

[28]吴志宏.多元智能理论、方法与实践[M].上海:上海教

育出版社,2003.

[29]李京诚,孙伟.体育合作学习的理论基础[J].首都体育学院学报,2004(03).

[30]侯元丽.课堂有效互动研究[D].上海:华东师范大学,2009.

[31]郭亦鹏.高校教学管理信息化建设[M].长春:吉林大学出版社,2016.

[32]吕峰.学校体育教学设计[M].长春:吉林大学出版社,2012.

[33]张新.中学体育教学设计[M].北京:科学出版社,2012.

[34]舒盛芳,高学民.体育教学设计[M].上海:复旦大学出版社,2013.

[35]佟晓东,刘铁.体育教学设计与实践[M].沈阳:东北大学出版社,2009.

[36]杜俊娟.体育教学设计[M].北京:北京体育大学出版社,2007.

[37]施小菊.体育微格教学[M].厦门:厦门大学出版社,2013.

[38]陆作生.体育教学技能训练[M].北京:高等教育出版社,2016.

[39]汪滢.微课的内涵、特征与适用领域——基于首届全国高校微课教学比赛作品及其征文的分析[J].课程·教材·教法,2014(07).

[40]刘瑞莲,屈红林.微课教学在体育专业技术类课程中的应用[J].牡丹江师范学院学报(自然科学版),2017(01).

[41]徐从体,周成成,崔杰."体育与健康课程"的微课教学设计与应用[J].赤峰学院学报(自然科学版),2017(06).

[42]景亚琴.信息化教学[M].北京:国防工业出版社,2014.